대한민국 사교육 탈출기
평범한 챔피언

대한민국 사교육 탈출기
평범한 챔피언

1판 1쇄 인쇄_2025년 08월 06일
1판 1쇄 발행_2025년 08월 06일
저자_백영진 신승훈 백인규
발행인_이장우
발행처_도서출판 예빈우
등록일자_2014년 1월 17일
등록_제 398 - 2014 - 000001호
주소_경기도 남양주시 순화궁로 249 M1309호
전화_070-8621-0070
이메일_jpt900@hanmail.net
ISBN_979-11-86337-61-5

Copyright ⓒ 백영진 신승훈 백인규, 2025
＊이 책은 저작권법에 의해 보호를 받는 저작물 이므로
　저자와 출판사의 허락없이 내용의 일부를 인용하거나 발췌하는 것을 금합니다.
＊정가는 표지에 표시되어 있습니다.
＊이 책의 표지와 본문은 '을유1945' 서체를 사용했습니다.

대한민국 사교육 탈출기:

평범한 챔피언

백영진, 신승훈, 백인규 저

엄마들의 꿈이 현실이된 이야기,
평범한 한국 학생, 캐나다 유학 6년 만에 토론 세계 챔피언 되다!

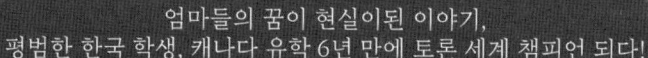

프롤로그.

TOC 챔피언 우승

"어떻게 그렇게 영어를 잘하게 됐죠? 공부법은 어땠나요?"

공부법? '한국식 영어 공부법과는 완전히 반대로 했습니다'라고 답해야 할까? (Yale Secondary 고등학교 공식 인스타그램에서 발췌)

2023년 4월 23일. 한국에서 태어나 자란 큰아들 인규(영어 이름 David)가 캐나다 대표로 미국에서 열린 세계 토론 대회에 참가해 우승했다. 50여 년의 전통을 자랑하는 TOC(Tournament of Champions) 대회 사상 최초의 캐나다 팀 우승이자, 최초의 외국인 우승이었다. 하버드, 예일, 스탠퍼드, 조지타운, 버클리, 프린스턴 등에서 주최한 메이저 대회에서 좋은 성적을 거둔 강팀들을 꺾고 우승했으니, 당시 한국에 있었던 나에게까지 질문이 쏟아진 건 어쩌면 당연한 일이었다.

"어떻게 그렇게 토론을 잘하게 됐죠? 비결이 뭔가요?"

비결? 글쎄, 비결이 있었던가? 나는 토론에 대해 아는 게 전혀 없는데?

"어린 시절은 어땠나요? 아주 어릴 때부터 영어 유치원을 다녔나요?"

'영어 유치원은커녕 영어 학원도 다니지 않던 초등학생이 무작정 캐나다로 갔어요'라고 말할 수는 없지 않나? 갑작스러운 질문 세례에 무슨 말을 했는지도 기억나지 않는다. 얼떨결에 말을 얼버무리고 자리를 피했다. 뭐라고 말해야 할지 몰랐다.

대신 캐나다에서 날아온 소식을 전할 수 있는 사람들, 한국에서 나와 함께 시간을 보내고 있던 가족과 지인들에게 먼저 연락을 했다. 기쁜 소식을 전하자 다들 축하해 주었고, '한턱 내라'며 기쁨을 나눴다. 40년 지기 초등학교 동창들은 "이런 건 그날 아니면 못 얻어먹는다"며 당일 저녁 약속을 강제로 잡고 나를 불러냈다. 또 많은 분들이 "이거 신문에 나야 하는 거 아니야?", "이런 스토리는 책으로 남겨야지!"라는 말씀도 해주셨다. 기분 좋은 칭찬으로 들렸다.

그러던 중 서울에 올 때마다 꼭 인사드리는 ㈜마인더스의 황 대표님을 만났고, 대표님도 진지하게 책을 써보라고 말씀하셨다.

"이런 일은 책으로 써보지 그래?"

"책으로요?"

"그래. 세계 토론 대회에서 한국인이 처음으로 우승했다면, 이건 당연히 책으로 내야지. 게다가 어릴 때부터 유학한 것도 아니잖아."

"네, 초등학교 4학년 때 캐나다에 갔어요."

"그럼 더 더욱 써야지. 분명 많은 학생들에게 도움이 될 거야. 내가 아는 편집자가 있는데 한번 연결해볼게."

그 자리에서 바로 출판사 '책들의 정원'의 편집자분께 전화를 해주셨고, 일은 빠르게 진행됐다. 다음 날 편집자님과 통화 후 직접 만나게 되었다. 편집자님은 인규의 유학 스토리에 관심 있는 독자가 많을 것 같다며 책을 제안하셨다.

"세계 토론 대회에서 우승하셨다고요?"

"네. 50년 가까이된 대회고 캐나다 팀 최초이자 외국인 최초 우승입니다."

"인규가 원래 영어를 잘했었나요?"

"아뇨. 저희 부부는 한국의 교육열에도 불구하고 사교육을 시키지 않았어요. 유학도 2달 남짓 준비하고 급히 떠났던 터라, 인규는 영어 실력은 딱 초등학생 수준이었어요."

"그럼 영어를 거의 못 하던 아이가 6년 만에 영어 토론으로 세계 대회 우승을 한 거네요?"

"네, 그렇게 됐죠."

편집자님은 인규의 이야기가 유학, 이민, 영어 교육, 토론 등 다양한 주제에서 독자들에게 도움이 될 것 같다며 책을 함께 써보자고 하셨다. 나 역시 기분 좋게 이야기를 나누다 '그래, 써볼까?' 하는 마음이 들었다. 하지만 이내 걱정이 밀려왔다. 나도, 아내도 글을 전문적으로 써본 적이 없었다. 과연 우리가 좋은 책을 쓸 수 있을까? 그리고 더 큰 걱정은, 이 책이 아이에게 어떤 영향을 끼칠지 알 수 없다는 점이었다.

장점도 분명 있을 테지만 단점도 있을 것이다. 머릿속이 복잡해졌다. 주변 지인들은 응원을 하면서도 여러 의견을 주셨고, 편집자님과도 대화를 나누며 고민을 이어갔다. 하지만 확신은 쉽게 들지 않았다.

그러던 어느 날, 어머니 댁에서 가져온 옛 앨범이 눈에 들어왔다. 인규와 동생 인성이가 막 태어났을 때부터 우리 가족의 일상이 담긴 사진들, 여행, 웃는 얼굴들. 그날 아이들과 함께 앨범을 펼쳐보았다. 아이들은 자신들도 기억 못 하는 어린 시절 사진을 보며 깔깔 웃었고, 어떤 장면은 기억이 난다며 신나게 떠들었다. 온 가족이 추억을 공유했다.

그때 문득 이런 생각이 들었다.

"그래, 이 책이 인규에게는 하나의 앨범 같은 선물이 될 수 있겠다."

고등학교 1학년의 나이에 세계 토론 대회에서 우승한 인규. 하지만 그 뒤엔, 영어 하나 제대로 못하던 초등학교 4학년 꼬마 인규가 있었다.

그 여정을 책으로 남긴다면, 이 책은 인규의 성장 앨범이자, 하나의 기록이 될 것이다.

그리고 어쩌면 누군가에겐 작은 용기와 참고가 될 수 있을지도 모른다.

한국에 있는 친구들은 인규가 하고 있는 토론에 대해 많은 관심을 보였다. 인규가 크고 작은 대회에서 우승할 때마다 "토론 그거 괜찮냐?"는 질문도 많이 받았다. 한국에선 아직 낯선 공부 방식이지만, 미국 상위권 대학에선 토론이 굉장히 중요한 활동이다.

또한 유학과 이민을 고민하는 학부모, 영어 공부에 대해 고민하는 분들에게도 작게나마 도움이 될 수 있다는 생각이 들었다. 그래서 나는, 아빠로서 이 이야기를 조심스레 써보기로 했다.

인규의 공부 방식이 '비법'이라기보다, 다양한 공부 방식 중 하나라고 생각한다. 부모의 교육 철학, 아이의 성향, 각자 처한 환경이 다 다르기에, 정답은 없을 것이다.

그저, 한국의 교육 방식에 동의하지 않았던 한 가족이 다른 길을 선택했고, 그 길 위에서 아이가 멋지게 성장해 나간 이야기를 나누고 싶었다.

그리고 바란다.

우리 아이들이 단순히 지식을 쌓는 것을 넘어, 세상을 살아갈 용기와 멋진 미래를 향한 꿈을 가슴에 품고 자라가길.

그 마음으로, 평범한 두 아이의 아빠가 조심스레 첫 글을 쓰는 도전을 시작한다.

2025년 6월　백영진

추천사.

윤병세((재)서울 국제법 연구원 이사장)

추천사를 안 쓴다는 원칙을 깨고 이번에 쓰게 된 데는 두 가지 이유가 있다. 하나는 현재 필자가 몸담고 있는 연구원을 창설하신 법과 대학 은사께서 생전에 늘 하신 말씀이 기억 나서다. 대학생 국제법 토론대회의 월드컵이라고 불리는 Jessup 국제법 모의재판에 제자들이 참가해서 겨뤄주기를 늘 열망하셨는데 3년 전에야 4강에 처음 진출할 정도로 토론 분야에서의 세계적인 수준은 너무 높다는 것이다. 우승한 대학교를 월드컵 챔피언으로 발표하는 이유이다.

묘하게도 그 은사의 손자인 백인규군이 부모와 함께 캐나다로 유학간지 불과 6년만에 캐나다 토론 챔피언 자격으로 미국에서 열린 고등학생 세계 토론 대회(Tournament of Champions)에서 미국 대표팀을 극적으로 누르고 우승한 것을 알게 되었다. Jessup 국제법 토론대회 못지 않게 치열한 고등학생 토론대회 월드컵에서 우승한 셈이다.

국제 무대에서 토론이란 단순히 능란한 대화의 기술이 아니라 입장이 다른 상대방을 설득하고 인간 관계, 국가 관계를 두텁게 해주는 종합예술 같은 것이다. 그래서 영국과 미국의 정치 사회 지도자들 중에는 대학 토론클럽 출신들이 많다.

그러나 『평범한 챔피언』을 추천하게 된 이유는 백인규 군의 토론 우승이라는 성공담 자체가 아니다. 낯선 문화와 언어의 장벽을 극복하고 세계 무대에 우뚝 선 한 젊은이의 이야기를 통해, 오늘을 살아가는 우리 청소년들에게 세계 시민으로 성장할 수 있는 가능성과 용기를 제시하기 때문이다. 이는 우리 사회가 지향해야 할, 글로벌 역량을 키워 주는 시대적 과제와 연결된다. 한국에서는 크게 돋보이지 않았던 평범한 학생이, 자유롭고 다양한 기회를 준 캐나다에서 자신의 재능을 발견하고 크게 성장했다. 토론은 인규에게 새로운 길이 되었고, 앞으로도 미지의 세계를 건너갈 수 있게 도와줄 훌륭한 (징검)다리가 될 것이다.

이 책은 청소년에게는 자신의 한계를 넘어서는 도전의 동기를, 학부모와 교육자에게는 그러한 도전이 어떻게 가능해지는지를 보여주는 소중한 통찰을 전해준다.

국가의 미래는 청소년의 눈높이에서 시작된다. 『평범한 챔피언』은 그러한 미래를 준비하는 이들에게 의미 있는 동반자(이정표)가 되어줄 것이라 믿으며, 진심을 담아 이 책을 추천한다.

추천사.

이근관 (서울대학교 법학전문대학원 교수, UN 국제법위원회 위원)

먼저 백인규 군의 캐나다 유학 경험을 통해 교육의 곧바른 의미를 다 함께 되돌아보게 하는 "평범한 챔피언"의 출간을 진심으로 축하합니다. 인규 군이 초등학교 4학년 때 캐나다로 유학을 떠난다는 말을 듣고 한편으로 아쉬웠지만 다른 한편 인규 군이 과도한 경쟁과 사교육에 허덕이는 한국을 벗어나 새로운 환경에서 큰 발전을 이루길 바라는 기대도 컸습니다. 다행히도 인규 군이 이러한 기대에 부응하여 캐나다에서 무척 잘 지내고 특히 각종 토론(debate) 대회에서 빼어난 성적을 올리고 있다는 반가운 얘기를 자주 전해 들을 수 있었습니다.

저와 인규 군의 인연을 말씀드리자면 저는 인규 군의 조부이신 백충현 교수님(서울대학교 대학원장 및 법대 학장 역임. 2007년 별세)의 제자로서 인규 군을 어린 시절부터 지켜봐 왔습니다. 백 교수님께서 세상을 너무 일찍 뜨셔서 그리움이 컸는데 인규 군이 백 교수님의 모습을 빼닮아 더 각별한 관심이 간 것도 사실입니다.

인규 군이 토론에서 뛰어난 성과를 거두고 있다는 얘기를 들을 때마다 저는 인규 군의 조부이자 제 스승이셨던 백충현 교수님을 떠올렸습니다. 토론은 남의 말을 경청하고 분석하며 논리의 허점을 비판하고 대안을 제시하는 지적 활동입니다. 백 교수님은 이러한 토론의 조건을 완벽히 갖춘 분이셨습니다. 특히 2000년 6월 서울대학교에서 개최된 한국전쟁 발발 50주년 기념 학술대회에서 사회를 보셨던 백 교수님은 현장에서 발표를 청취하면서 그 취지를 정확하게 파악하고 문제점들을 날카롭게 지적하셨습니다. 그리고 여러 발표들을 서로 조화롭게 압축·정리하면서 세션의 의의에 부합하는 종합적 결론을 이끌어 내셨고 지금까지 그날 백 교수님처럼 부드러운 어조와 예리한 논리로 청중 모두의 공감과 설득을 이끄는 경우를 못 봤습니다.

이 책은 인규 군이 토론에 흥미를 느끼고 성장해가는 과정을 담고 있지만, 단순히 토론 실력을 키우는 노하우를 전하려는 것이 아닙니다. 낯선 캐나다 환경에서 자신의 지적·정서적 잠재력을 발견하고 실현해가는 과정이 진솔하게 그려져 있으며, 이를 통해 교육의 본질은 학생이 스스로를 발견할 기회를 주는 데 있다는 점을 일깨워 줍니다. 또한, 자녀에게 성공을 강요하기보다 그들의 관심과 재능을 따뜻하게 지켜봐 주는 것이 부모의 참된 역할임을 느끼게 해줍니다.

거듭 인규 군의 훌륭한 성취를 축하하고 앞으로도 본인의 능력과 적성에 맞는 분야를 찾아 한편으로 자신의 삶은 즐겁게 누리면서 동시에 사회의 귀중한 밀알의 역할을 하길 기원합니다. 동시에 이 책의 간행이 우리 사회에서 교육 본연의 의미와 기능에 대해 집단적 성찰의 기회를 제공하여 우리 사회가 교육 분야에서 하루 빨리 정상적 궤도를 회복할 수 있기를 간절히 기원하며 "평범한 챔피언"의 일독을 권합니다.

추천사.

김광진 (가수 University of Michigan Ross MBA)

대한민국 사교육 탈출기 『평범한 챔피언』은 단지 성공한 유학생의 이야기가 아닙니다.

이 책은 외로움에서 피어난 용기, 실패 속에서 배운 존중, 그리고 토론이라는 언어로 세상과 소통하는 법을 배워간 한 아이의 성장기입니다. 무엇보다 저는 이 책을 읽으며, 이 아이 안에 있는 그 아버지의 그림자를 보았습니다. 정직하고, 깊이 고민하고, 함부로 말하지 않던 그 모습이 말입니다.

이 책은 지금, 누군가의 자녀가 혼자서 낯선 세계 앞에 서 있다면, 그리고 부모로서 그 아이의 미래를 걱정하고 있다면, 꼭 함께 읽어야 할 책입니다. 우리의 아이들은 혼자이지 않습니다. 그리고 이 책은, 그 말이 단지 위로가 아니라는 것을 증명해주는 마법과 같은 이야기입니다.

프롤로그	006
추천사	014
목차	020

제 1 부 평범한 챔피언 022

1장. 특별하게 생긴 평범함	024
2장. 캐나다에서의 첫날	042
3장. 첫 디베이트	064
4장. 토론 좀 하게 내버려두세요, 네?	092
5장. 다시 뛰는 전우애	114
6장. 덤벼라 토론아	134
7장. 이젠 대학으로	160

제 2 부 캐나다에서   178

- 1장. 한국 학생은 안 해도
  아이비리그 학생은 밤새 매달리는 토론   180
- 2장. 토론으로 달라진 삶   188
- 3장. 성장의 뿌리, 승부욕   194
- 4장. 데이비드의 생활 계획표 들여다보기   200
- 5장. 유학의 모든 것   208

부록   258

- 부록1. David Paik Profile   260
- 부록2. NSDA 캐나다 BC주 담당관과의 Q&A 대담   264
- 부록3. 밴쿠버 교육신문과
  데이비드의 인터뷰 (2023.12.14.)   296

에필로그   306

평범한
챔피언

1장. 특별하게 생긴 평범함
2장. 캐나다에서의 첫날
3장. 첫 디베이트
4장. 토론 좀 하게 내버려두세요, 네?
5장. 다시 뛰는 전우애
6장. 덤벼라 토론아
7장. 이젠 대학으로

1장. 특별하게 생긴 평범함

영재 테스트와 조기교육 대신 자연과 가족 안에서
성장한 인규가, 현실적 고민을 딛고 더 나은 교육을 위해
캐나다 유학을 결심하다.

한여름 밤의 꿈

2010년 2월, 인규가 만 세 살이 되던 해 생일날, 갑자기 엄마 아빠를 부른 인규에게 다가가 보니 손에 매일 읽어주던 동화책이 한 권 들려 있었다. 인규가 엄마 아빠를 바라보며 책을 펼쳐 천천히 읽기 시작했다. 나는 아내와 함께 깜짝 놀랐다. 인규에게 따로 글공부를 시킨 적이 없었기 때문이었다. 다른 책들도 몇 권 읽혀 보았는데, 활자체로 된 글은 읽었지만 손글씨 모양으로 쓴 글자는 잘 읽지 못하는 것 같았다. 마침, 전문가인 친구가 있어서 물어보니, '통문자를 인식하는 것 같다'고 말했다.

"통문자? 그게 뭔데?"

"예를 들어, '호랑이'라는 단어가 있으면, '호', '랑', '이'로 따로 읽는 게 아니라, 그 단어를 하나의 이미지처럼 통으로 기억하는 거야. 똑똑한 아이네. 영재 테스트 한번 받아보는 게 어떠니?"

전문가가 아이가 똑똑하다 하니, 기분이 좋아지면서도 조금 욕심이 나기도 했다. 이후 인규에게 한글을 가르쳐 보려 했지만, 오히려 배우는 것을 너무 싫어하는 것 같았다. 그래서 영재 테스트를 받기 전까지 따로 글공부를 시키지 않고 계속 책을 읽어주었다.

영재 테스트는 CBS 영재 학술원에서 받기로 했다. 여러 곳을 검색해보고 주변 사람들의 추천도 있었기 때문이다. 영재 학술원에 입학하려면 상위 3% 안에 들어야 한다는 답을 들었다.

'3%라면 가능할 것 같았다.'

어느 부모나 그렇듯, 이미 아이가 똑똑하다는 말을 들었기에 학술원 입학에 대한 기대가 내심 컸다. 합격일까, 불합격일까? 하지만 그 결과는 예상과 달랐다. 인규는 친가와 외가 가족들 외에는 다른 사람을 만나본 적 없었고, 낯선 환경에서 낯선 사람과 시험을 치르는 건 불가능했다. 익숙한 엄마 아빠 품에서 떨어져 낯선 선생님들과 홀로 남겨진 순간, 인규는 금세 눈물을 쏟아냈다.

그 모습에 나도 아내도 마음이 저려왔다. 학술원 선생님들은 어린 아이들에게 자주 있는 일이라며 당황한 나에게 말씀하셨다. 그들은 어린이집처럼 낯선 사람들과 지내는 경험을 쌓은 후 다시 테스트를 받는 것이 좋다고 조언해 주었다. 그렇게 나의 기대는 몇 달 뒤로 미뤄질 수밖에 없었다.

몇 달 후, 인규의 낯가림도 아주 좋아졌고 학술원에서 두 번째 테스트를 받을 수 있었다. 두 번째 테스트에서도 눈물을 글썽이며 힘들어하는 모습을 보였지만, 처음보다는 점차 안정된 모습을 보였다. 특히 경험이 풍부한 선생님들이 아이와 놀이처럼 테스트를 진행해 인규도 편하게 테스트를 받을 수 있었다.

"선생님, 결과 나왔나요?"

"네, 축하해요. 종합 학습 능력이 상위 0.1%가 나왔네요."

상위 0.1%의 성적은 영재 학술원에 입학하기에 충분한 결과였다. 부모라면 누구나 아이를 천재라고 믿고 싶지만, 객관적인 테스트 결과까지 받고 나니 그 믿음은 확신으로 바뀌었다. 우리는 영재 학술원에 등록했고, 이제는 천재를 키운다는 생각에 들떠 있었다.

하지만 얼마 지나지 않아 또 다른 문제가 생겼다. 인규는 학술원에 다니면서 또래 친구들과 노는 것을 매우 좋아했지만, 목동에 있는 학술원은 집에서 너무 멀어 차로 다니는 것이 힘들었다. 학술원에 다니는 것을 힘들어하는 인규를 보며 첫 번째 테스트에서 울던 모습이 떠올랐다. 영재 학술원에 계속 다니는 것이 정말 아이에게 도움이 되는 일인지, 내 기대를 위해 아이를 끌고 가는 것 아닌가 하는 의문이 들었다. 결국, CBS 영재 학술원에는 한 학기만 다니고 그만두기로 했다. 그렇게 0.1%의 천재를 키우겠다는 야심 찬 생각은 한여름 밤의 꿈처럼 흩어졌다.

〈영재학술원에 등원 중인 인규〉

조기교육 대신 자연교육

학술원을 그만둔 인규는 유치원에 입학할 때까지 별도의 교육 없이 지냈다. 매주 친가와 외가를 오가며 할머니, 할아버지와 삼촌, 그리고 사촌 형들과 어울려 노는 것이 전부였다. 인규 역시 가족과 함께 보내는 시간을 가장 좋아했기 때문에, 특별한 일이 없으면 거의 매주 양가 친척들과 함께 놀며 어린 시절을 보냈다. 어찌 보면 이 자체가 특별한 교육이었다.

외가가 귀농하여 시골에 정착한 덕분에 인규는 사촌들과 밭에서 뛰어놀며 자연을 온몸으로 경험했다. 봄에는 달래, 냉이, 쑥을 캐고, 가을에는 심어 놓으신 고구마를 수확했다. 도시 아이들이 자연 체험을 위해 일부러 농원에 가는 것을 생각하면, 인규에게는 훌륭한 자연 교육이 일상 속에 있었던 셈이다.

특별식도 있었다. 바로 냉이 튀김이었다. 일식집에서는 셰프가 냉이 한두 뿌리를 튀겨 귀하게 내주곤 했지만, 우리 가족은 커다란 바구니에 한가득 튀겨 간식처럼 집어먹었다. 직접 기르고 수확한 신선한 유기농 식재료를 온 가족이 함께 나누어 먹는 경험은, 어떤 교육보다 값지고 의미 있었다.

최근에서야 알게 된 사실이지만 김광선 박사님의 『나의 발도르프 교육』에는 아이들의 놀이에서 지수화풍(地水火風)이 중요한 요소로 작용한다고 한다. 냉이를 캐고 맨발로 흙 위에서 뛰노는 것은 '지(地)'에 해당하는 놀이이자 생물학적 감각 교육이었고, 흙놀이 후 손을 씻거나 등목을 하는 것은 '수(水)'에 해당했다. 불멍은 대표적인 '화(火)' 놀이였고, 전봇대 하나 없는 운동장에서 연을 날리던 기억은 '풍(風)'의 경험이었다. 캐나다 초등학교에서도 바

〈인성와 왕고구마〉

람이 부는 들판에 소풍 가서 연날리기를 했는데, 그때의 경험 덕분에 인규는 다른 아이들보다 연을 더 멀리, 더 높이 날릴 수 있었다. 우리는 영재 학술원에서의 교육 못지않은, 어쩌면 그보다 더 중요한 교육을 이미 경험하고 있었는지도 모른다.

인규는 생일이 빨랐기 때문에 또래보다 한 살 이른 나이에 초등학교에 입학했다. 입학한 학교는 서울 종로구 운니동에 있는 운현초등학교였다. 이 학교는 조금 특이하게도 한 반 30명의 아이들이 6학년까지 같은 반을 유지하며 공부하는 시스템이었다. 우리가 이 학교를 선택한 가장 큰 이유는 넓고 아름다운 교정이었다. 우리는 방과 후에도 아이들이 실컷 뛰어놀 수 있기를 바랐고, 운현초에는 드라마 『도깨비』에서 공유의 집으로 나왔던 운현궁의 양관이 자리하고 있었다. 빌딩 숲이 대부분인 서울에서는 쉽게 찾을 수 없는 자연 친화적 공간이었다.

집도 학교에서 도보 2분 거리였기 때문에 등하교도 매우 편리했다. 눈이 오면 인규는 새벽 일찍 학교에 가, 아무도 밟지 않은 하얗게 쌓인 눈 위에서 사진을 찍고, 등교하는 아이들이 미끄러지지 않도록 수위 선생님과 일찍 출근하신 담임선생님과 함께 눈을 치우기도 했다. 서울 한복판에 있는 학교였지만, 우리 가족의 교육 철학에 잘 맞는 환경을 갖춘 학교였다.

초등학교에 입학한 인규는 아주 평범한 학생이었다. 영재 학술원에서 상위 0.1%의 결과를 받았지만, 특별히 잘하는 과목이 있었던 것도 아니었다. 우리 부부는 학업 성취보다는 아이가 마음껏 뛰어놀고, 책을 자유롭게 읽기를 바랐다. 인규는 읽고 싶은 책을 스스로 골라 읽는 것을 무척 좋아했다. 특별히 뛰어난 과목도, 특별히 부족한 과목도 없었다. 다만 체육활동은 어려워했다. 또래보다 한 살 어린 탓에 체격이 작고 운동신경이 덜 발달되어 있었기 때문이다. 운동회에서는 달리기 실력의 차이가 뚜렷하게 드러나기도 했다. 그래서 이를 보완하기 위해 방과 후 체육 놀이 교실에 다녔고, 수영도 따로 배웠다. 또래 친구들과 어울려 노는 것을 좋아하는 평범한 모습이 우리 부부에게는 오히려 만족스러웠다.

그러나 곧 고민은 시작되었다. 인규가 초등학교 4학년이 되었을 무렵부터, 주변에서 사교육 이야기가 슬슬 들려오기 시작했다. 운현초는 교육열이 강한 학교들과는 분위기가 달랐지만, 4학년쯤 되자 과학고와 외고 진학에 대한 이야기가 종종 오갔다.

사교육은 미래에 대한 불확실성과 부모들의 두려움을 먹고 자란다는 말이 있다. 공부를 잘하면 잘하는 대로, 못하면 못하는 대로 사교육을 해야 할 이유가 있다. 이유는 모두 그럴듯했고, 결국 사교육을 하지 않는 부모들만 불안을 느꼈다. 우리 부부도 예외는 아니었다.

유학의 화살

인규가 초등학교 4학년이던 어느 날, 아내가 진지한 얼굴로 나에게 말을 건넸다.

"어떻게 해야 할까? 우리 교육관과 다르더라도 한국 현실을 무시할 수는 없잖아."

"그러게. 나도 주변에 알아봤는데, 학원을 안 보내면 같이 놀 친구가 없대. 다들 학원에 가 있대."

우리의 고민은 깊어졌다. 결론은 단순했지만, 결단은 쉽지 않았다.

우리의 교육관을 바꾸든가, 아니면 환경을 바꾸든가.

만 세 살에 영재 학술원 첫 테스트를 받았던 인규는 울음을 터뜨렸다. 그것이 싫어서 시골에서 마음껏 뛰놀게 했고, 그래서 놀 수 있는 학교를 찾아 입학시켰다. 그러나 시간이 흐를수록 주변 환경은 우리 뜻과 멀어졌다. 결국 우리는 환경을 바꾸기로 결심했다. 그렇게, 유학을 준비하게 되었다.

막상 유학을 떠나려니 막막함이 밀려왔다.

'어느 나라로 가야 하지? 도시는 어디로? 유학 비용은 어떻게 마련하지? 아니, 그보다 아이는 만족할까?'

작은 고민을 해결하자 더 큰 고민이 그 위를 덮쳐왔다. 그럼에도 유학에 대한 결정만큼은 확고했다.

고등학교 졸업 후 미국에서 유학을 했던 나는 어릴수록 언어 습득의 차이가 크다는 사실을 누구보다 잘 알고 있었다. 당시 교포 친구들과 유학생 친구들을 지켜보며 느낀 바가 있었기에, 어차피 유학을 보낼 생각이라면 하루라도 빨리 가는 게 낫다고 판단했다.

다음은 인규의 의사였다. 아내가 조심스레 유학 이야기를 꺼냈을 때, 다행히 인규는 전혀 거부감을 보이지 않았다. 오히려 흥미롭게 반응했다.

아내 역시 유학을 위해 큰 결심을 했다. 작곡가인 아내는 당시 이화여대, 서울교대, 총신대 등 여러 대학에 출강하고 있었다. 그러나 유학을 위해 그 커리어를 포기하기로 했다. 나 역시 아내의 과감한 결정에 동의했다. 그만큼 우리 부부는 한국식 사교육이 아닌, 더 나은 교육 환경을 간절히 원했다.

유학을 결심한 다음에는 구체적인 나라와 도시를 정해야 하는 문제에 부딪혔다. 캐나다, 호주, 미국—대표적인 영어권 유학 국가들이 후보였다. 내가 유학했던 LA, 친척들이 있는 뉴욕, 친구들이 거주하고 있는 시애틀 등 여러 도시들을 두고 장단점을 따져가며 알아보기 시작했다.

그러던 중 자주 들었던 말이 떠올랐다.

"초중고는 캐나다에서, 대학은 미국에서."

호주의 여러 도시는 '세계에서 가장 살기 좋은 도시' 순위에 늘 오르기도 했다. 그러나 다양한 도시마다 장점과 단점이 있었기에 쉽게 결정하기 어려웠다.

결국 결정의 열쇠는 현실에 있었다. 나는 당장 함께 떠날 수 없었기에 '기러기 아빠'가 될 수밖에 없었다. 그러자 가장 중요한 기준은 '안전'이 되었다. LA나 뉴욕 같은 대도시는 상대적으로 치안이 불안하게 느껴졌고, 자연스럽게 마음은 캐나다, 특히 밴쿠버 쪽으로 기울었다.

그러던 중, 유학을 준비하던 인규의 같은 반 친구가 알아보고 있던 학교가 바로 밴쿠버 인근의 한 학교라는 이야기를 들었다. 그 학교는 Abbotsford Christian School(ACS)로 기독교 학교였다. 우리는 유학원을 통해 해당 학교의 입학 가능 여부를 확인했다.

그런데 그 학교는 정책상 한 반에 같은 나라 출신 유학생을 한 명 이상 받지 않는 원칙이 있었고, T/O도 많지 않았다. 다른 학교를 알아봐야 하나 며칠을 고민하고 있었는데, 유학원에서 연락이 왔다.

"1학년, 4학년, 5학년에 자리가 있고요. 9월 학기 입학을 원하신다면 시간이 촉박합니다. 지금 바로 진행하셔야 합니다."

유학 이야기가 처음 나온 날로부터 불과 며칠만에 벌어진 일이었다.

맨땅에 헤딩

보통 유학을 준비하려면 적어도 1년쯤은 잡아야 한다. 기본적인 영어 실력을 쌓고, 그 나라의 현지 문화를 익히는 시간을 갖기 위해서다. 하지만 우리 가족은 갑작스럽게 유학을 결정했고, 생각보다 빨리 유학길에 오르게 되었다. 유학이 결정된 지 불과 두 달 반에 비행기에 몸을 실었다.

첫째 인규와 둘째 인성이는 예체능 이외에 학원을 거의 다니지 않았다. 영어 학원도 마찬가지였다. 다만 나의 고모가 국제결혼을 해서 미국인 사촌동생이 있었는데, 키가 2미터가 넘는 이국적인 외모의 그 사촌과 아이들이 어릴 적 가끔 영어로 놀아본 경험이 있었다. 덕분에 아이들은 영어에 대한 막연한 거부감은 없었지만, 어디까지나 그뿐이었다.

아이들이 낯선 환경에서 언어가 통하지 않아 힘들어하지는 않을지, 문화적 충격을 받지 않을지 걱정이 컸다. 그러나 그런 걱정을 할 여유조차 없을 만큼 유학 준비는 빠르게 진행되었고, 출국일은 성큼 다가왔다.

그런데 문제는 거기서 끝이 아니었다. 어쩌면 가장 큰 난관이 남아 있었으니, 바로 유학 자금이었다. 별다른 여유 자금이 없었던 우리 가족은 결국 회의 끝에 집을 팔기로 결정했다. 그만큼 유학에 대한 우리의 의지는 단호했다.

하지만 집이라는 게 마음먹는다고 금방 팔리는 물건은 아니었다. 당시 부동산 시장이 좋지 않아 자칫 유학이 무산될 수도 있는 상황이었다. 집이 팔리기를 기도만 하며 기다릴 수는 없어 다른 방법도 동시에 알아보고 있던 어느 날, 아내에게 전화가 왔다.

"오늘 두 분이나 집을 보러 오셨어."

"그래?"

"응. 특히 두 번째 분이 집이 무척 마음에 드신대. 바로 계약하고 싶으시다고."

"정말? 다행이다!"

"그런데 그분이 당신도 알 만큼 유명한 분이셔."

"누군데? 누구시길래 그래?"

"유명인이신 A 선생님이래. 직접 오셔서 집을 보셨는데, 무척 마음에 들어 하셨어~"

놀랍고도 기분 좋은 소식이었다. 유학 자금이 해결됐다는 안도감도 컸지만, 그 집을 사겠다고 나선 분이 다름 아닌 A 선생님이라니. 고생 끝에 하늘이 주는 선물 같았다.

회사에서 곧장 나와 약속된 시간에 맞춰 집 근처 부동산으로 향했다. 문을 열고 들어서자 조용하고 따뜻한 분위기의 한 분이 먼저 와 계셨다. '소녀'라는 단어가 어울릴 만큼 고운 모습이었다. 7~80년대부터 치과의사로 TV와 라디오 방송을 자주 하셨던 어머니와는 방송을 함께하신 인연으로 기억이 있으시다며 반가워하셨다.

"선생님, 계약서에 서명하시기 전에 사인 좀 부탁드려도 될까요?"

"그래요 그럼요 당연하죠."

선생님은 환하게 웃으며 정성스레 사인을 해주셨다.

이어서 부동산 계약서에 서명하시며 우리 가족의 앞날을 응원하는 따뜻한 덕담도 잊지 않으셨다.

돌이켜보면 그날 잠깐의 작은 인연이 어쩌면 우리 가족에게는 인생의 방향을 바꾸는 전환점이 된 엄청난 인연이자 순간이었을 수도 있다는 생각이 든다. 지금은 자주 연락드리지는 못하지만, 명절이 되면 문자를 드릴 때마다 선생님은 언제나 정성스럽고 따뜻한 답장을 보내주신다. 그렇게 기적처럼 유학 자금이 마련되었다.

어쩌면 만 세 살의 인규가 영재 학술원 첫 테스트에서 울음을 터뜨리던 그날부터, 이 길은 이미 운명처럼 정해졌던 것일지도 모르겠다. 초등학교 4학년이 된 인규에게 다가온 사교육의 그림자, 작곡가였던 아내의 커리어 포기, 우리 가족의 집을 내놓는 결단— 그 모든 것이 맞물리며 불과 며칠만에 확정된 캐나다 유학.

그렇게 평범했던 우리 가족은 캐나다 밴쿠버 인근 애버츠퍼드(Abbotsford)라는 도시에서 새로운 삶을 시작하게 되었다. 사교육에 대한 부담과 공부에 대한 스트레스에서 조금은 자유로워질 수 있으리라는 기대와 함께.

2장. 캐나다에서의 첫날

모든 것이 낯설었던 첫날,

작은 충격과 따뜻한 순간들이 뒤섞인 가운데,

우리의 유학 이야기가 조용히 첫 발을 내딛다.

우당탕탕 캐나다의 첫날

유학 자금이 마련되고, 앞으로 우리가 살 도시와 아이들이 다닐 학교도 정해졌다. 가장 큰 과제를 해결하자 유학 준비에 속도가 붙었다. 유학 시 필요한 신체검사도 마쳤다. 한국에서의 준비는 차츰 마무리되고 있었지만, 문제는 캐나다 현지에서였다.

캐나다에서 생활하려면 운전면허 갱신, 집의 인터넷 설치, 휴대전화 개통 등 해결해야 할 일이 산더미처럼 많았다. 한국에 있는 내가 이 모든 일을 인터넷과 전화만으로 처리하려니 한계가 있었다. 방법을 찾기 위해 인터넷을 뒤지다 보니 '랜딩 서비스'라는 것이 눈에 띄었다. 이는 우리 가족처럼 유학이나 이민을 오는 사람들을 위해 현지에서 일정에 맞춰 물품과 서비스를 미리 준비해 주고, 한국에서 해야 할 준비도 안내해 주는 서비스였다.

나는 즉시 캐나다 밴쿠버 랜딩 서비스를 검색했고, 여러 업체가 나왔다. 각 업체에 대한 후기를 차분히 읽고 비교한 끝에 한 업체에 연락했다. 상담은 메신저를 통해 이루어졌고, 매우 친절하게 필요한 모든 사항을 안내받을 수 있었다. 덕분에 유학 준비에 큰 도움이 되었다.

1990년대 초, 내가 유학을 준비할 때는 국제전화 요금이 매우 비쌌고 이메일도 없어서 준비에 시간과 비용이 많이 들었는데, 요즘은 참 편리해졌다고 느꼈다.

모든 준비를 마친 우리는 드디어 캐나다행 비행기에 올랐다. 유학을 결심한 지 두 달여 만의 일이었다.

밴쿠버 국제공항에 도착하자, 나이가 지긋한 아저씨 한 분이 우리 가족 이름이 적힌 팻말을 들고 기다리고 있었다. 우리는 그분의 안내를 받아 공항을 빠져나왔다. 장거리 비행으로 피곤한 몸은 쉬고 싶다고 외쳤지만, 아직 해야 할 일들이 남아 있었다.

우선 한인들이 많이 거주하는 지역으로 향했다. 그곳에서 국제운전 면허증을 캐나다 면허증으로 교환하고, 은행 계좌도 개설했다. 한국에서 할 수 있는 일은 끝냈지만, 캐나다에는 캐나다에서 해야 할 일들이 기다리고 있었다.

중요한 업무를 마치고 늦은 점심을 먹은 뒤, 우리는 드디어 캐나다에서 살 집으로 향했다. 우리가 살 집은 비교적 최근에 지어진 타운하우스로, 집은 깨끗하고 상태도 좋았다. 다만 주변에 아직 개발 중인 곳이 많아 공사로 인한 소음이나 공기 오염이 걱정되었다.

〈인규와 인성〉

집은 아이들이 다닐 학교에서 차로 약 15분 떨어져 있었다. '차로 15분 거리면 가까운 편이네'라고 생각했다. 나는 서울 사람이었으니까. 하지만 나중에 알게 된 사실은, 캐나다에서는 보통 걸어서 10분 안팎의 거리에서 학교를 다니는 경우가 많았다는 것이다. 심지어 차로 통학하더라도 대부분 10분 이내라고 했다. 우리 아이들이 반에서 가장 먼 거리에서 통학한다는 말을 듣고서야, 내가 정말 캐나다에 와 있다는 사실을 실감했다.

그렇게 바쁘고도 짧은, 캐나다에서의 첫날이 저물어갔다.

둘째 날에는 랜딩서비스의 사장님과 직접 만났다. 핸드폰도 개통하고, 중고차도 한 대 마련해야 했다. 가구점에 들러 사용할 가구도 고르고, 마트에도 들러 기본적인 생활용품을 구입했다.

특히 인터넷 설치가 시급했는데, 캐나다는 한국과 달리 설치까지 빨라도 일주일이 걸린다고 했다. 보통은 열흘 정도가 걸린다는데, 그렇게 오래 기다릴 여유가 없었다. 랜딩서비스 사장님께 더 빠른 설치가 가능한지 묻자, 내게 전화번호를 하나 건네며 직접 해결하라고 했다. 이런저런 서비스를 제공하는 게 랜딩서비스라고 생각했었지만, 따지고 있을 여유가 없었다.

아내와 나는 이제 차도 있고 핸드폰도 생겼으니, 앞으로는 그냥 우리가 알아서 준비하자고 의기투합했다.

캐나다 학교는 어떨까?

시간은 빠르게 흘러갔다. 아이가 다닐 ACS(Abbotsford Christian School)에서 오리엔테이션 일정 안내 연락이 왔다. 아이들이 다닐 초등학교가 아닌, 같은 이름의 중고등학교에서 오리엔테이션이 열리니 장소를 착각하지 말라는 당부도 함께였다. 학교로부터 연락을 받고서야 캐나다 유학이 현실로 다가옴을 실감했다.

오리엔테이션 장소인 중고등학교는 아이들이 다닐 초등학교에서 1km 남짓 떨어져 있었다. 일정은, 우선 아이들이 다닐 학교와 커리큘럼에 대한 설명을 듣고, 이후 초등학교로 이동해 학교를 둘러본 뒤 도서관에서 학부모와 학생들이 질문하는 시간으로 구성되어 있었다.

오리엔테이션에 참가한 사람들을 둘러보니, 캐나다 현지 가족들보다는 유학생 자녀를 둔 부모들이 더 많아 보였다.

도서관에서 질의응답 시간을 갖는 중, 한 일본인 가족을 만났다. 우리 가족처럼 아들 둘을 둔 가족이었는데, 큰 아이는 인규보다 몇 학년 위였고, 둘째는 막내 인성이와 같은 학년이었다. 자연스레 엄마들끼리 가까워질 수 있겠다는 생각이 들었다.

보통 일본인은 영어에 약하다는 선입견이 있지만, 그 일본인 엄마는 발음까지 완벽한 영어를 구사했다. 감탄하며 어떻게 그렇게 영어를 잘하느냐고 묻자, 중학교 때부터 미국에서 학교를 다녔다고 했다. 나중에는 그 가족의 아빠와도 친해졌다. 학교 연날리기 행사에서 다시 만나 이런저런 대화를 나눌 기회가 있었는데, 내가 한 살 형이라는 이유로 장난스럽게 어깨를 툭 친 것이 친해진 계기가 됐다. 알고 보니 그는 일본 후지TV의 대표 PD 중 한 명으로, 라이어게임, 노부나가 콘체르토 등의 인기작을 연출한 감독이었다. 2018년에는 넷플릭스 오리지널 드라마도 만든 실력자였다. 그때의 인연으로 우리는 지금까지도 가끔 연락하며 지내고 있다.

여러 가지 일들을 정신없이 해내다 보니 어느새 한 달이 훌쩍 지나 있었다. 그러나 그보다 훨씬 길게 느껴졌던 시간은 아이들의 첫 등교 날, 하교를 기다리던 6시간이었다. 남들은 1년 넘게 준비하는 유학을 단 2달만 준비했고, 캐나다에 도착해서도 한 달밖에 적응 기간이 없었기에, 아이들이 잘 적응할 수 있을지 걱정이 컸다. 더구나 나는 다음 날 한국으로 돌아가야 했기에 혹여 아이들이 어려움을 겪는다면 도울 방법이 없다는 것이 마음을 무겁게 했다.

첫 등교 날은 아이들에게도, 우리 가족에게도 특별한 날이었다. 이 날은 인규가 '데이비드(David)'라는 영어 이름을 처음 사용한 날이기도 했다. 큰아이 인규는 '데이비드'라는 이름으로 학교생활을 시작했고, 둘째 인성이는 본인의 이름이 마음에 든다며 그대로 '인성'이라는 이름을 쓰기로 했다. 인성이는 중학교에 들어간 뒤에야 '대니얼(Daniel)'이라는 영어 이름을 사용하게 되었다.

"짤랑"

현관문 열리는 소리. 데이비드였다. 캐나다 학교에서의 첫날을 마치고 집으로 돌아온 참이었다.

"학교는 어땠어? 영어는 잘 들렸어? 친구들은 어때?"

"아빠, 이 학교는 영어만 잘하면 스트레스가 없는 학교 같아요."

"그래? 왜 그렇게 생각했어?"

"그냥요. 그냥 그렇게 느껴졌어요. 영어만 잘하면 아무 문제 없을 것 같아요."

들뜬 얼굴, 밝은 표정. 데이비드의 반응만으로도 학교생활이 순조롭다는 걸 알 수 있었다.

"그래! 영어만 잘하면 문제없겠구나. 아빠가 다음에 캐나다로 올 때까지 영어 많이 늘려놔. 약속!"

"네! 열심히 할게요!"

다음은 인성이 차례였다. 초등학교 저학년이라 잘 적응했을지 걱정이 되었지만, 오히려 더 순수하게 받아들이는 나이인지라 기대도 있었다.

"인성아, 오늘 학교 어땠어?"

"아빠, 우리 미즈 크로커 선생님은 한국말을 하나도 못 해요

제가 한국말 했는데 아무것도 몰랐어요."

"그럼 어떻게 했어?"

"음, 친구들도 한국말을 못 했어요."

"선생님도 친구들도 영어밖에 못하니까, 인성이가 영어로 말 잘 해줘야겠다. 영어 열심히 해볼까?"

"네. 그럴게요. 아빠."

다행이었다. 영어를 전혀 못한 채 학교에 보낸 터라 적응이 힘들지 않을까 걱정이 컸지만, 아이들의 반응은 예상보다 훨씬 긍정적이었다. 특히 학교 분위기가 마음에 들었는지, 아주 재미있다고 신나서 이야기했다. 우리 부부의 교육 철학도 한국식 교육보다는 캐나다식 커리큘럼에 가까웠기에, 유학의 첫 단추는 잘 꿰어진 듯했다.

다음날. 편한 마음으로 한국으로 돌아갈 수 있었다. 아이들이 밝은 얼굴로 즐겁게 등교하는 모습을 보고 비행기에 올랐다. 하지만 막상 이륙하니 마음 한켠이 먹먹해졌다. 비행기를 수없이 타봤지만, 그렇게 힘든 마음으로 탄 적은 처음이었다.

'아이들이 학교에 잘 적응했는데도 이렇게 무거운 걸 보면, 만약 어제 힘들었다고 말했다면 나는 과연 어떤 마음이었을까...'

낯선 땅에서도 씩씩하게 자신들의 하루를 시작하는 아이들이 대견했고, 그런 아이들을 두고 떠나는 발걸음은 유독 무거웠다. 그렇게 나는 복잡한 마음을 안고, 다시 하늘길에 올랐다.

한국 학교 vs 캐나다 학교

　서울에 도착하니 이메일 한 통이 와 있었다. 둘째 인성이의 담임, 미즈 크로커 선생님이 보내신 것이었다. 인성이가 수업 중 화장실에 가고 싶었지만, 영어로 말하지 못해 참고 있다가 실수를 했다는 내용이었다. 다행히 선생님께서 조용히 상황을 알아채시고, 아이가 상처받지 않도록 다른 아이들 눈에 띄지 않게 불러 옷을 갈아입혀 주셨다고 했다. 걱정하지 않아도 된다는 따뜻한 말과 함께, '아프다, 배고프다, 화장실에 가고 싶다' 같은 기본 표현들을 집에서 꼭 가르쳐 달라는 당부도 덧붙여 있었다.

　머나먼 캐나다 땅에서, 말이 통하지 않아 혼자 화장실을 참고 있었을 인성이를 떠올리니 가슴이 아려왔다. 그러나 한편으로는 마음이 놓이기도 했다. 아이가 상처받지 않도록 세심하게 배려해주신 선생님의 따뜻한 마음과, 그 상황을 부모에게 솔직하게 전달하며 필요한 조언까지 함께 전해준 선생님의 진심이 고스란히 느껴졌다. 이 학교라면, 이 선생님이라면 아이를 믿고 맡길 수 있겠다는 확신이 들었다.

며칠이 지난 어느 날, 아이들이 보고 싶어 페이스톡을 연결했다. 캐나다 생활은 어떤지, 학교는 재미있는지 궁금한 것이 많았다.

"얘들아, 학교는 재미있어?"

"네. 재미있어요."

"학교는 지각 안 하고 잘 다니고 있어?"

"네. 일찍 가긴 하는데, 교실에 못 들어가요."

말을 듣고 잠시 멍해졌다. 교실에 일찍 도착했는데도 들어갈 수 없다니, 무슨 이야기일까? 알고 보니 캐나다 학교에는 한국 학교와는 전혀 다른 문화가 있었다. 아이들이 아무리 일찍 등교해도, 수업 시작 전에는 교실에 들어갈 수 없다는 것이다. 대신 가방을 교실 문 앞에 두고, 종이 울릴 때까지 운동장에서 친구들과 뛰어놀아야 한다. 마치 늦게 온 아이를 벌주는 게 아니라, 일찍 온 아이에게 더 많이 뛰어놀 기회를 주는 셈이었다.

점심시간도 마찬가지였다. 식사를 마친 아이들은 교사 지도 아래 반드시 운동장으로 나가야 한다. 폭우가 쏟아지지 않는 한 예외는 없다. 정해진 식사 시간 이후에는 반드시 밖에서 뛰어놀아야 한다는 원칙이 있었다.

더욱 인상 깊었던 건, 열심히 뛰는 아이들에게 보상을 준다는 점이었다. 무슨 말인고 하니, 운동장을 다섯 바퀴 돌 때마다 스티커를 하나씩 받고, 매달 가장 많이 뛴 아이들에게는 상장을 수여했다. 등수가 아닌 많이 뛴 아이들에게 상장을 수여한다는 것은 아이들의 성적이 아닌 '성실함'과 '꾸준함'을 격려하는 방식이었기에 더욱 놀라웠다. 이는 공부에만 집중하고 쉬는 시간까지 책상에 앉아 있어야 한다는 한국의 교육 문화와는 정반대였다.

인성이의 침대 머리맡에는 상장이 여러 장 붙어 있었는데, 모두 달리기 상장이었다. 공부를 잘하는 것뿐만 아니라, 몸을 튼튼하게 했다고 상을 받는다는 사실이 한국인인 내게는 무척 신선하게 다가왔다. 그러나 한편으로는 가슴이 짠했다. 말이 서툴고 친구가 많지 않은 상황에서, 인성이는 어쩌면 혼자 운동장을 많이 돌며 시간을 보냈을지도 모른다는 생각 때문이었다.

또 하나 인상 깊었던 건, 선생님들이 아이들의 '잠'을 매우 중요하게 여긴다는 점이었다. 한국에서는 잠의 중요성은커녕 오히려 잠을 줄여야 입시에서 성공한다고 말하지만, 캐나다 학교는 아이가 충분한 숙면을 취하는 것을 중요하게 여긴다. 내가 학생이던 시절부터 지금에 이르기까지, 한국의 교육은 늘 '대입 성과'를 목표로 삼아왔다. 그러다 보니 학교 운영도 입시 위주로 짜이고, 자연스레 '잠을 줄이며 공부하는 문화'가 형성됐다.

물론 최근에는 최소 7시간 이상의 숙면이 더 나은 학업 성취도를 낸다는 연구 결과도 있지만, 여전히 많은 수험생들은 '잠이 많으면 게으르다'는 사회적 시선에 시달리고 있다.

반면 캐나다의 교육은 '선량한 시민'을 길러내는 데 초점을 맞춘다. 선량한 시민이란 건강한 몸과 마음을 지니고, 타인과 조화를 이루며 살아가는 사람이다. 그래서 캐나다 학교는 잠을 줄이기보다 오히려 충분한 숙면을 권하고, 공부만 강조하기보다 아이들이 몸을 움직이고 자연과 어울리도록 이끈다.

이처럼 기본적이지만 근본적인 철학의 차이가, 우리 아이들에게는 더 건강하고 따뜻한 성장의 기회를 줄 것 같아 감사한 마음이 들었다.

유학 생활 첫 생일파티

몇 개월이 흐른 뒤, 데이비드와 대니얼의 생일(두 아이 모두 2월생)을 맞아 가족을 보기 위해 다시 캐나다로 향했다. 이곳의 고학년 아이들은 생일 파티를 동네의 캐슬 펀 파크(Castle Fun Park)에서 자주 열었다. 중세의 성처럼 지어진 이곳은, 우리나라로 치면 작은 에버랜드 같은 공간이었다. 데이비드의 생일 파티도 이곳에서 열기로 했기 때문에, 우리는 사전에 답사를 다녀왔다.

캐슬 펀 파크 입구 왼편에는 여러 개의 큰 테이블이 놓여 있었다. 피자, 프렌치 프라이, 음료 등을 주문해 테이블에 놓아두면 아이들이 놀다가 간식으로 즐길 수 있도록 마련된 공간이었다. 데이비드에게 첫 캐나다 생일을 특별하게 만들어주고 싶어서 만반의 준비를 했다.

생일 당일, 약속한 시간에 맞춰 아이들이 하나둘 도착했다. 미리 준비해 둔 플레이머니(우리나라의 오락용 동전과 비슷한) 충전 카드를 나누어 주자 아이들은 신이 나서 게임을 시작했다. 캐슬 펀 파크에는 우리에게 익숙한 전자 오락기부터 미니어처 골프장, 자동차 레이싱 게임 등 다양한 놀이기구가 갖추어져 있었다.

아이들이 신나게 노는 모습을 확인한 후, 나는 자리에 앉아 피자를 먹고 있었다. 그러다 문득 인상 깊은 장면 하나가 눈에 들어왔다. 2인용 슈팅 게임이나 자동차 게임을 할 때마다 아이들은 꼭 데이비드를 찾아 함께 게임을 했던 것이다. 더 주의 깊게 보니, 게임 비용도 모두 친구들이 부담하고 있었다. 아마 이곳에서는 생일 파티의 주인공에게 특별한 대우를 해주는 문화가 자연스럽게 자리잡고 있는 듯했다.

그 모습을 보며 생각했다. 언젠가 데이비드도 친구의 생일 파티에 초대받으면, 그 친구를 위해 기꺼이 함께 놀고 비용도 지불하겠구나. 이렇게 배려의 문화가 자연스럽게 이어지는 모습이 참 따뜻하게 느껴졌다.

앞서도 잠깐 언급했지만, 캐나다 학교의 가장 큰 교육 목표는 아이들을 '선량한 시민'으로 길러내는 데 있다. 그리고 내가 직접 본 아이들은, 학교에서 지향하는 그 가치에 맞춰 남을 배려하고 존중하는 법을 배워가고 있었다.

그에 비해, 우리나라 학교의 교육 목표는 마치 '하늘(SKY)'로 수렴하는 것처럼 느껴져 마음이 서글퍼졌다. 높은 성적과 명문대 진학만을 목표로 달려가는 풍경 속에, 사람답게 사는 법을 가르치는 교육의 본질이 사라져가는 건 아닐까 하는 안타까움이 밀려왔다.

*

[한국 교육의 서글픈 일화]

어느 날 새벽에, 헬스클럽에서 운동을 마치고 출근길에 지하철역을 걷고 있었다. 계단을 향해 가던 중, 20대 초반쯤 되어 보이는 여자 아이와 어깨가 살짝 부딪혔고 그 아이의 이어폰이 바닥에 떨어졌다. 나는 얼른 이어폰을 주워 건네며 물었다.

"아이고, 괜찮아요?"

그런데 그 아이는 날 똑바로 바라보며 뜻밖의 말을 뱉었다.

"뭘 봐?"

순간 잘못 들은 줄 알고 다시 물었다.

"네?"

"뭘 보냐고?"

너무 당황스러웠다. 분명 잘못 들은 게 아니었다. 여자 아이의 불쾌한 태도에 나도 모르게 따지듯 말했다.

"너 참 못된 아이구나? 도저히 안 되겠다. 이 옆에 좀 와봐!"

그러자 돌아온 대답은 더 가관이었다.

"왜? 한 대 치게? 그럼 때려봐! 병신. 때릴 용기도 없으면서!"

도저히 이 상황을 이해할 수 없어 침착하게 말했다.

"잠깐만 있어봐. 너 지금 한 말 그대로 다시 해봐. 동영상으로 찍어놔야겠네."

내가 핸드폰을 꺼내자, 여자 아이는 갑자기 존댓말로 바꾸며 말했다.

"아저씨 잠시만요. 저도 핸드폰 좀..."

그러더니 어디론가 전화를 걸었다.

"거기 112죠? 여기 충무로역인데요. 어떤 아저씨가 싫다고 하는데 자꾸 저를 동영상으로 찍어요! 도와주세요!"

이쯤 되니 나 역시 황당하고 허탈해졌다. 지나가던 시민들조차 고개를 젓고 '저런 아이는 그냥 무시하라!'고 조언했다. 결국 나는 자리를 피하고 사무실로 돌아왔다. 그런데 도무지 마음이 가라앉지 않았다. 그래서 직접 확인해보기로 했다.

직접 112에 전화했다.

"112죠? 혹시 한 10분 전쯤 충무로역에서 동영상 관련 신고가 있었나요?"

경찰관은 실제로 비슷한 내용의 신고가 있었고, 여경이 출동했다고 말했다. 나는 내 연락처를 전달해달라고 부탁했고, 잠시 후

출동했던 여경에게 전화가 걸려왔다. 그 여경의 말은 더욱 충격적이었다.

"출동했지만, 정작 신고자는 이미 지하철을 타고 자리를 떴습니다. 현장에서 만나지도 못했습니다."

내가 상황을 설명하자, 여경은 '선생님이 아주 잘 대처하셨습니다'고 말했다. 만약 내가 그 아이를 밀치기라도 했다면 폭행으로, 팔을 잡기라도 했다면 성추행으로 몰릴 수도 있었고, 그렇게 되면 수백만 원의 합의금을 물게 됐을지도 모른다는 것이었다. 실제로 그런 식으로 악용하는 사례가 적지 않다고도 했다.

나는 오전 내내 충격에서 벗어나지 못했다. 여자 아이의 험한 말과 눈빛이 머릿속을 떠나지 않았다. 출동했던 여경에게 장문의 문자를 보내봤지만 마음이 진정되지 않았다. 결국 상담 심리를 전공한 초등학교 친구인 최 교수에게 전화를 걸어 이야기를 나눴다,

최 교수는 내 이야기를 듣고 조심스럽게 말했다.

"그런 친구들은 대개 결손 가정 출신이거나, 교육적으로 방치된 경우가 많아. 우리 어렸을 때는 나쁜 길로 빠질 것 같으면 학교에서 선생님들이 많이 신경 써주셨잖아? '미친개'라

고 불리던 선생님들도 사실은 아이들 마음을 헤아려주고, 바른 길로 인도했거든. 그런데 요즘은 체벌 하나만 해도 경찰에 신고당하는 세상이야. 선생님들도 선뜻 나서지 못하고, 집에서도 손을 놓으니까 결국 방치되는 거지."

최 교수는 이어서 말했다.

"그리고 너니까 그 자리에서 붙잡고 얘기라도 해보려고 한 거지, 대부분은 사람들은 그냥 이상한 사람 취급하고 지나가. 괜히 좋은 마음에 몇 마디 했다가 합의금을 물거나 곤란해질 수도 있거든."

최 교수는 이런 사례를 여러 번 들어보았다고 했다. 예전 우리기 생긱했던 학교의 역할 중 너무나 중요한 부분이 사라지고 있다는 생각이 들었다. 학교는 단순히 좋은 대학을 보내는 기관이 아니라, '사람다운 사람'을 길러내는 곳이어야 하지 않을까. 캐나다에서 강조하던 '선량한 시민'을 길러내는 교육이야말로, 학교가 존재하는 가장 본질적인 이유일지도 모른다.

3장. 첫 디베이트

다양한 취미 활동을 통해 자율성과 표현력을 키운 데이비드는,
성악에서 얻은 발성과 디베이트를 통해
영어 실력과 비판적 사고력을 동시에 성장시켜 나가기 시작하다.

취미부자

영어를 한마디도 못 하던 인규도 어느새 학교생활에 차츰 적응해갔다. 어릴 적부터 언어에 재능이 있긴 했지만, 아무래도 초등학교 시절에 유학을 왔기 때문인지 언어를 받아들이는 데 별다른 거부감이 없어 보였다. 특히 도움이 된 것이 독서였다.

한국에 있을 때도 인규는 독서광으로 책 읽는 것을 좋아했다. 집에 있는 어린이용 책은 모두 읽었고 새로운 책을 사주더라도 언제나 금세 다 읽었다. 이런 독서 습관은 캐나다에 가서도 여전했다. 인규는 캐나다에서 현지 어린이들이 읽는 영어로 된 책을 엄청나게 많이 읽었다. 특히 도움이 됐던 것은 인터넷 프로그램이었는데, 컴퓨터로 짧은 동화를 읽은 뒤에 문제가 나오는 식이었다. 가령 '아기돼지 삼형제'를 예로 들자면, 책을 다 읽은 뒤 '늑대의 바람에도 무너지지 않은 집은 어떤 돼지의 집인가요?' 하고 묻는 형식이었다. 책 읽기를 좋아하는 인규는 이 프로그램을 통해 책을 많이, 재미있게, 그리고 꼼꼼하게 읽었다. 덕분에 가장 시급했던 언어 문제가 자연스럽게 해결되었고, 인규도 캐나다 생활에 적응해갔다.

한국의 아이들은 학교가 끝나기가 무섭게 학원으로 향한다. 학원을 마치면 이미 온 에너지가 고갈돼버려 몸을 움직일 틈도 없이 하루를 마무리한다. 그래서 대부분의 아이들이 게임에 몰두하게 되는 것도 어찌 보면 당연한 일이다.

하지만 캐나다의 학교는 사정이 다르다. 학원은커녕, 학교 숙제도 거의 없다. 그러다 보니 오히려 넘치는 에너지를 발산하기 위해 아이들은 스스로 활동적인 취미를 찾게 된다. 억지로 시키지 않아도, 자연스럽게 몸을 움직이며 무언가에 몰두하게 되는 것이다.

데이비드는 골프, 농구, 테니스, 성악, 전자 기타, 바이올린, 큐브 등 다양한 것을 배웠다. 한국에서 아이를 키우는 부모들은 종종 묻곤 한다. "어떻게 그렇게 많은 걸 시키셨어요?" 내 대답은 언제나 간단하다. **시간이 있었기 때문에** 가능한 일이라고. 사실 한국 아이들도 수학, 영어, 미술, 피아노, 태권도 등 여러 학원을 다닌다. 다만 차이가 있다면, 한국의 아이들은 부모의 계획에 따라

움직이고, 캐나다의 아이들은 자신의 의지로 무언가를 선택한다는 점일 것이다. 게다가 어떤 주에서는 단체 수업의 경우 영주권자에게 최대 80%까지 레슨비를 지원해 주기도 한다. 덕분에 부담 없이 여러 취미를 시작할 수 있었다.

〈취미 부자 (골프, 농구, 킥복싱, 큐브)〉

가끔 '무엇을 해야 할지 모르겠다'는 한국 학생들의 이야기를 들으면, 나는 속으로 이렇게 생각하곤 했다.

'아마 해본 게 없어서 그런 게 아닐까?'

물론 데이비드는 캐나다의 교육 환경에 잘 적응해갔지만, 나는 한평생을 한국에서 살아온, 어쩔 수 없는 '한국식 부모'였다. 그걸 가장 잘 느꼈던 순간이 골프 레슨을 둘러싼 일이었다.

처음에 데이비드가 받은 골프 단체 수업은 놀이처럼 즐겁게 진행됐다. 아이들은 웃고 떠들며 공을 쳤고, 수업은 게임처럼 흘러갔다. 하지만 내 눈에는 그저 '놀이'로만 보였다. 데이비드는 흥미를 보였고 소질도 있어 보였기에, 조금 더 체계적으로 배워보면 어떨까 싶었다. 결국 한국인 선생님을 찾아 레슨을 받게 되었다. 같은 문화를 공유하는 분이니 한국 부모의 마음을 누구보다 잘 이해해주셨다. 기초부터 하나하나 정성껏 가르쳐주시던 그분 덕분에 데이비드의 실력은 빠르게 늘었다.

골프를 시작한 지 1년쯤 되었을 때, 데이비드는 아마추어 대회에 나가 80타에 300야드가 넘는 거리를 날렸다. 1년 배운 아이치고는 놀라운 성과였다. 선생님은 어른 룰로 환산해도 70타 중반이라고 칭찬을 아끼지 않으셨고, 폼만 더 다듬으면 더 멀리, 더 정교하게 칠 수 있을 거라고 말씀하셨다.

'혹시 골프 선수가 되는 건 아닐까? 그렇다면 돈을 더 열심히 벌어야겠네…'

그런 생각이 잠시 머리를 스쳤다.

하지만 그 고민은 곧 의미를 잃었다. 데이비드가 골프에 대한 흥미를 서서히 잃어갔기 때문이다. 사춘기가 시작되며 남자다운 기운이 피어오를 즈음, 골프보다 농구에 더 마음을 쏟기 시작했다. 그 문제로 엄마와 의견이 엇나가기 시작했었다. 부모의 입장에서, 잘하는 운동을 단지 순간의 흥미로 그만두는 것은 나중에 아쉬움으로 남을까 봐 '조금만 더 해보면 어때?'라고 타일렀지만, 데이비드는 단호했다. 더 이상 골프를 치지 않겠다고, 나아가 평생 골프를 하지 않겠다고까지 선언했다.

'흥미를 잃을 수는 있지. 그런데 평생 안 할 정도로 싫어진 걸까? 나도 저랬던가…'

그 결정을 쉽게 이해하긴 어려웠다. 분명 좋아하던 운동이었고, 잘하기까지 했는데. 아마도 취미였던 골프에 '성적'이라는 요소가 붙자, 그것이 스트레스로 다가왔던 건 아닐까. 우리 가족이 캐나다로 이주하며 다짐했던 건 아이에게 '스트레스 없는 교육 환경'을 주는 것이었기에, 그 원칙을 흔들 수는 없었다. 골프를 왜 그만두는지 더 묻고 싶었지만, 그 질문조차 아이에게는 부담이 될 것 같았다. 그래서 나는 말하지 않기로 했다. 훗날 데이비드가 결혼할 즈음에나 조심스레 물어볼 수 있을까 싶다.

골프 외에도 다양한 취미들이 있었지만, 그중 가장 의외의 방식으로 토론에 도움을 준 것은 성악이었다. 성악은 바이올린과 함께 배운 과목이었다. 클래식 작곡가였던 엄마의 영향으로 아기 때부터 음악을 가까이해왔고, 자연스럽게 음악 교육을 시작하게 되었다. 다만 성악은 데이비드에게 흥미로운 경험은 아니었던 것 같다. 흥미는 전자기타에 더 있었던 듯했지만, 성악에서 배운 발성은 데이비드의 토론 능력에 중요한 기반이 되었다.

데이비드는 성악이 재미없었다고 말했다. 하지만 나중에 이렇게 덧붙였다.

"그런데 엄마, 그게 디베이트에 진짜 도움이 됐어요."

디베이트는 결국 설득의 기술이다. 그리고 설득에 있어 중요한 건 목소리, 발음, 발성이다. 성악을 통해 익힌 발성은 상대에게 자신의 말을 또렷하고 힘 있게 전달할 수 있는 능력으로 이어졌다. 실제로 아리스토텔레스는 《수사학》에서 설득의 세 가지 요소를 에토스(인격), 파토스(감성), 로고스(이성)라고 말했는데, 그중 가장 중요한 것은 에토스, 즉 '말하는 사람 자체의 신뢰와 매력'이다. 데이비드는 성악에서 배운 발성으로 더 강한 인상을 남겼고, 그래서 더 설득력 있는 디베이터가 될 수 있었던 것이다.

아이의 취미가 단순한 여가 활동이 아니라, 결국은 삶의 무기가 되어가는 모습을 지켜보며 나는 자주 놀라고 또 감탄했다. 결국 아이는, 자기가 좋아하는 것을 통해 자라난다. 그 성장은 부모가 계획할 수 있는 것이 아니다. 단지 옆에서 지켜보고, 기다리고, 믿어주는 것 일뿐이다.

토론과의 첫 만남

데이비드가 토론을 시작하게 된 것도 다른 취미와 크게 다르지 않았다. 어느 날, 데이비드에게 숙제는 없느냐고 물었더니, 숙제는 있지만 쉬는 시간에 모두 끝낼 수 있을 정도로 간단하다고 말했다. 덕분에 학교가 끝난 뒤에도 여유가 많았고, 다양한 활동에 참여할 수 있었다. 그중 하나가 바로 토론, 즉 디베이트였다.

한국에서는 디베이트 문화가 아직 생소하지만, 캐나다에서는 마치 한국의 태권도 도장처럼 자연스럽게 자리 잡고 있었다. 미국과 캐나다의 많은 학교에는 디베이트 팀이 있었고, 이를 전문적으로 가르치는 학원도 쉽게 찾아볼 수 있었다. 우리 가족도 캐나다 생활을 하며 점차 디베이트라는 문화를 알게 되었고, 나 역시 자연스럽게 흥미를 가지게 되었다.

하지만 나에겐 아직 낯선 분야였다. 그래서 캐나다 친구에게 디베이트에 대해 물어보았다.

"캐나다에서는 디베이트를 많이 해?"

"그럼, 많이 하지. 사실 우리 캐나다 사람들은 디베이트를 꽤 중요하게 생각해."

"그래? 왜?"

"디베이트를 잘하기 위해서는 우선 주제에 대한 많은 책을 읽어야 해. 그게 바로 독서야. 그리고 상대방의 의견을 잘 들어야만 반박도 잘할 수 있지. 찬반 양쪽 입장을 다 공부하다 보면 생각이 편향되는 것도 막을 수 있어"

"오... 한국에서는 디베이트 문화가 거의 없어."

"그래? 나는 어릴 때도 디베이트를 했고, 지금 내 아이들도 디베이트를 하고 있어."

그 이야기를 들은 후, 이번에는 일본인 친구에게도 연락해 보았다. 같은 동양권 사람으로서 어떻게 생각하는지 궁금했기 때문이다. 그 친구는 디베이트에 대해 많이 들어봤고, 자녀에게도 디베이트를 추천하고 싶다고 말했다. 여전히 골프나 바이올린처럼 익숙한 분야는 아니었지만, 이쯤 되니 나도 디베이트에 대해 진지하게 알아보게 되었다.

그러다 우연히, 뉴욕 대학교(NYU) 15대 총장이었던 존 에드워드 섹스턴 교수의 글을 접하게 되었다. 그는 총장 재임 중 NYU를 세계 최고의 대학 반열에 올려놓은 인물이다. 그는 이렇게 말했다.

"내가 토론 활동을 하며 보낸 4년은, 내가 했던 모든 일에 대한 교육적 기초가 되었다. 단순히 원론적인 의미가 아니다. 내가 다닌 모든 교육기관에서 받은 교육 중 가장 훌륭한 것은, 4년간의 토론 시합을 통해 얻게 된 나의 정신적 기반이었다. 지금 내가 활용하는 지적 능력의 90%는 디베이트를 통해 길러졌다. Fordham University와 Harvard Law School에서 받은 교육은 나머지 10%일 뿐이다."

이 말이 마음 깊이 와닿았다. 그는 디베이트를 통해 물고기를 '잡는 방법'을 배운 것이었다. 디베이트 대회를 준비하며 익힌 학습 방법과 태도는, 결국 모든 학문과 삶의 영역에 확장될 수 있다는 뜻이었다.

다만, 걱정도 있었다. 데이비드는 초등학교 5년 중 3년을 한국에서 보냈기 때문에 디베이트 문화가 낯설 수 있었다. 더군다나 영어로 진행되는 활동이었다. 하지만 바로 그 점이 디베이트를 해야 할 이유가 되기도 했다.

디베이트를 잘 하려면 자료를 찾아 읽어야 하고, 이는 곧 영어 독해 연습이었다. 상대방의 주장을 듣는 것은 영어 듣기 훈련이고, 내 주장을 조리 있게 펼치는 것은 영어 말하기였다. 다시 말해, 디베이트는 영어 읽기·듣기·말하기를 한 번에 연습할 수 있는 가장 효율적인 방법이었던 것이다.

이야기를 꺼내자, 데이비드도 호기심을 보였다. 아이가 관심을 보이는 좋은 문화를 굳이 미룰 이유가 없었다. 마침 가까운 동네에 한국인 원장님이 운영하는, 꽤 평판 좋은 디베이트 학원도 있다는 소식을 들었다. 그래서 5학년 말쯤, 데이비드는 오리엔테이션 수업에 참여하게 되었다.

영어를 영어답게 배우는 디베이트 공부

캐나다 디베이트에 본격적으로 발을 들여놓고 보니, '토론 준비 활동으로 학습 방법을 배운다'는 말이 결코 과장이 아니라는 걸 실감하게 되었다. '토론 준비'는 단순히 '주제에 대해 공부하는 것'만을 의미하지 않았다.

무엇보다 놀라웠던 것은, 디베이트 클럽이나 학원에서 신입생에게 가장 먼저 가르치는 것이 다름 아닌 '인터넷 검색 방법'이었다. 토론을 하기 위해서는 우선 양질의 자료를 찾는 것이 필수였고, 토론 기술이나 실제 시합은 그 다음 순서였다. 인터넷에서 기사나 논문을 효율적으로 검색하는 법, 주제별로 어느 사이트에서 어떤 자료를 얻을 수 있는지를 구체적으로 배웠다. 뿐만 아니라, 학교나 시립도서관 등 오프라인 공간에서 자료를 찾는 방법도 체계적으로 알려주었다.

생각해 보면, 한국의 학교에서는 인터넷이 '정보의 바다'라고만 가르치고, 그 정보를 어떻게 선별할지는 알려주지 않았다. 캐나다에서는 정보를 '찾는 법'과 '골라내는 법'부터 가르쳤다. 왜 '토론 준비가 곧 학습 방법을 배우는 것이다'라고 하는지 이해가 되었다. 토론 주제와는 무관하게, 삶의 어느 영역에도 적용할 수 있는 진짜 공부였다.

또 하나 인상 깊었던 점은, 주제에 대한 찬반 입장을 미리 정해주지 않는 방식이었다. 일반적으로는 주제에 대해 학생들의 찬반 의사를 묻고 그에 따라 편을 나누거나, 임의로 팀을 나눈다. 나 역시 2000년대 초 MBA 과정을 들을 때, 재미 삼아 참여한 토론에서 그런 식으로 경험했었다. 주제는 '안락사'였다. 한국인인 나를 비롯해 중국, 일본, 싱가포르, 러시아, 프랑스, 미국 등 여러 국적의 학생들이 팀을 나눴다. 그 때는 찬성 측으로 정해지면 찬성 입장만을 파고들었고, 반대 측의 약점을 공격하는 데만 집중했다.

그러나 정통 디베이트 문화는 달랐다. 토론 직전까지 어느 쪽에 설지 알 수 없기 때문에, 참가자들은 찬반 양쪽 입장을 모두 공부해야 했다. 찬성 측을 맡게 될 경우를 대비해 강력한 주장과 근거를 준비해야 했고, 반대 측일 경우를 위해서도 마찬가지였다. 그 결과, 학생들은 자연스럽게 자기 입장만을 고집하지 않게 되었고, 상대의 주장을 경청하고 이해하려는 태도를 배우게 되었다.

이러한 방식은 학습적으로도 큰 도움이 되었다. 찬반 양쪽 입장을 모두 준비하다 보니 읽어야 할 자료의 양이 많았고, 자연스럽게 영어 어휘력도 늘어났다. 학원에서 배운 검색 방법으로 양질의 기사, 사설, 논문 등을 찾아 읽고, 입장에 따라 정리해 나갔다. 처음에는 모르는 단어가 많아 힘들어했지만, 점차 글의 맥락을 파악하면서 모르는 단어의 의미도 자연스럽게 유추해내게 되었다.

생각해 보면, 이건 마치 모국어를 익히는 과정과 닮아 있었다. 한국인 누구도 단어장을 들고 다니며 한국어 단어를 암기하지는 않는다. 하지만 영어 공부만큼은 VOCA 22000 같은 전화번호부 같은 단어장을 들고 다니며 기계적으로 외우는 것이 일반적이다. 데이비드는 그런 방식 대신, 원어민처럼 글의 흐름 속에서 단어의 의미를 체득해 나갔다. 무작정 암기하는 한국식 영어 교육과는 완전히 다른 접근이었다.

어리다고 무시하지 말아요

데이비드가 6학년이 되어 디베이트 공부를 시작한 지 얼마 되지 않았을 무렵이었다. 나는 한국과 캐나다를 오가며 일하고 있었고, 마침 추석을 맞아 아이들을 보기 위해 캐나다로 갔다. 데이비드는 한창 디베이트 준비에 몰두하고 있었다. 아내는 새로운 토론 주제가 나왔다며, 아이를 좀 도와주라고 했다. 디베이트 주제는 한 달에 한 번씩 정해졌다. 한 번 주제가 정해지면 학생들은 한 달 동안 주제에 대한 여러 입장을 깊이 있게 공부했다. 매주 주제가 바뀌며 얕고 넓은 공부를 하는 것이 아니라 깊게 공부하는 방법이 마음에 들었다.

"인규야, 디베이트 준비는 잘하고 있어? 이번 주제는 뭐야? 아빠가 좀 도와줄게."

"네. 아빠, 이거예요."

2018년 9월과 10월의 디베이트 주제는 다음과 같았다.

> September/October 2018 – Resolved: The United States should accede to the United Nations Convention on the Law of the Sea without reservations.

나는 그 순간 내가 참 행복한 남자라는 생각이 들었다. 내 아내가 나를 이렇게 똑똑하다고 믿고 있다니! 자연스럽게 네이버에 들어가 검색을 시작했다. 미국이 UN 해양법 협약(UNCLOS)에 아무 조건 없이 가입해야 하는지에 대해 찬성할지 반대할지를 묻는 주제였다.

'근데... 이걸 왜 나한테 묻지?'

30분쯤 검색하고 고민하고... 당황하고 방황했다. 마치 인터넷이라는 정글에서 길을 잃은 느낌이었다. 한참을 씨름하다가 문득 좋은 생각이 났다. 나의 아버지는 국제법 전공자로 서울대학교 법대 학장까지 역임하셨고, 아버지의 제자 중에는 해양법을 전공한 박사님도 계셨다. 나는 곧장 그 박사님께 SOS 전화를 걸었다.

"김 박사! 추석인데 잘 지내지요? 혹시 지금 집에 내려갔어요? 쉬는 데 전화한 건 아니죠?"

"아, 형님! 캐나다 가신다고 하지 않으셨어요?"

"맞아요. 지금 캐나다예요. 추석 인사도 할 겸... 사실 뭐 하나 물어보려고요."

"네, 말씀하세요."

"UN 해양 협약 좀 물어보려고요."

"아, UNCLOS요?"

"웅클로스?"

"네. UN Convention on the Law of the Sea. 약자로 UNCLOS라고 부르죠. 그런데 왜요?"

"아~ 나 아니고 인규. 하하. 요즘 디베이트 수업 듣는데 이번 주제가 미국이 UN 해양법 협약에 가입해야 하는지래. 도와주려고 조금 들여다보다가 김 박사님 생각이 나서요."

"이야, 어려운 주제 하네요. 영어로 설명해야 하나요? 한국어로요?"

"그건 상관없어요. 인규는 한국어도 잘하니까 편하신 언어로 해주세요."

"좋아요. 잠깐 자료 정리해서 30분 정도로 요약해서 설명해줄게요."

"정말 고마워요."

그렇게 나는 전문가에게 자연스럽게(!) 무거운 짐을 떠넘겼고, 데이비드에게도 '아빠도 알긴 아는데, 더 잘 아시는 아저씨가 도와주실 거야'라는 식으로 분위기를 잡았다.

한두 시간이 지나고, 데이비드는 무척 만족한 표정으로 말했다.

"아빠, 고마워요. 박사님이 제가 궁금했던 거 다 설명해주셨어요."

나도 기분이 무척 좋았다. 하지만 한편으론 이런 생각이 들었다.

'초등학생 디베이트 주제가 너무 어려운 것 아닌가?'

그날 저녁, 다시 김 박사님께 전화를 걸었다.

"김 박사, 정말 감사했어요. 사실 저한텐 너무 어려운 주제라 부탁드릴 수밖에 없었어요."

"아닙니다. 간단하게 설명한 거라 힘들지 않았어요. 사실 형님이 잘 모르신 게 당연해요. 그 주제는 대학원에서도 다룰 정도로 고차원적인 거거든요. 인규가 이걸로 토론한다고 해서, '언제 이렇게 컸지?' 하고 놀랐습니다."

그렇게 해양법 에피소드는 해피엔딩으로 마무리되었다.

며칠 후 학원 원장님을 만날 기회가 있어, 혹시 초등학생들에게 너무 어려운 주제를 주는 건 아닌지 조심스럽게 여쭈어봤다. 원장님은 이렇게 답하셨다.

"토론 주제는 학년에 따라 다르게 주어지지 않아요. 모든 학년이 같은 주제를 놓고 토론해요. 물론 학년에 따라 접근하는 깊이나 방식은 다르지만, 중요한 건 아이들이 논리적으로 생각하고 자기 관점을 넓히는 경험을 하는 것이죠. 그리고 고학년이 되어 다시 같은 주제를 다룰 때, 이전에 보이지 않던 관점이 보이기도 해요. 마치 영화를 두 번 볼 때, 처음에는 보이지 않던 장면이 두 번째엔 보이는 것처럼요."

그 이야기를 듣고 나는 문득 이런 생각이 들었다.

캐나다의 교육은 12년에 걸친 긴 호흡의 여정을 그리고 있구나. 단기 시험 위주의 한국 교육과는 완전히 다른 그림이었다.

나는 토론이 좋아요

데이비드는 디베이트를 좋아했다. 이유는 간단했다. 잘했기 때문이다.

물론 재미를 더해주는 요소들은 많았다. 승부욕을 자극하는 긴장감, 함께 성장하는 친구들, 머릿속을 파고드는 지적 쾌감. 하지만 그런 것들은 곁가지에 불과했다. 데이비드는 디베이트를 잘했고, 그래서 더 깊이 빠져들었다.

남들보다 빠르게 두각을 나타내긴 했지만, 처음부터 쉬운 여정은 아니었다. 무엇보다 수업 방식 자체가 생소했다. 한국에서는 선생님이 칠판에 적은 내용을 받아 적는 수동적인 수업에 익숙했지만, 디베이트는 그와는 전혀 다른 세계였다. 자료는 스스로 찾아야 했고, 주장도 직접 구성해야 했다. 초등학생인 데이비드에게,

특히 막 한국에서 건너온 아이에게 이 모든 과정은 낯설고 버거웠다.

게다가 주제들도 만만치 않았다. 이를테면 'UN 해양 협약' 같은 경우, UN이란 조직이 왜 생겼는지, 어떤 기능을 수행하는지, '해양'의 정의는 무엇이며 '협약'이란 어떤 의미인지 하나하나 알아가야 했다. UN도 모르고, 해양도 모르고, 협약도 모르는 아이에게 'UN 해양 협약'에 대해 말하라는 건 불가능에 가까웠다.

낯선 학습 방식, 미숙한 언어, 높은 난도의 주제, 부족한 배경지식. 데이비드 앞에는 하나같이 만만찮은 장애물들이 버티고 있었다.

그래서였을까. 캐나다에 아이들을 보러 갈 때면 데이비드는 항상 디베이트 숙제를 하고 있었다. 학교 숙제는 거의 하지 않았다. 대부분의 시간은 디베이트와 관련된 활동에 몰두했고, 나머지 시간엔 간단한 취미 활동을 즐겼다. 학교 공부를 소홀히 하는 것 같아 걱정이 되어 이유를 물었더니, 데이비드는 '쉬는 시간에도 다 할 만큼 쉽고, 양도 적어요'라며 싱긋 웃었다. 지금 생각해보면, 경쟁심이 유난히 강한 데이비드에게 디베이트는 거의 유일하게 진심으로 몰입할 수 있는 도전이었던 것 같다. 오히려 낯설고 복잡한 요소들이 데이비드의 승부욕에 불을 지폈고, 그럴수록 더 깊이 빠져들었다.

게다가 디베이트 자체의 매력이 데이비드를 자극했다. 디베이트는 마치 몸을 부딪치는 스포츠 같았다. 흔히 씨름을 '몸으로 하는 바둑', 주짓수를 '몸으로 하는 체스'라고들 하지만, 토론은 말로 벌이는 바둑이자 씨름, 주짓수이자 체스였다. 상대와 부딪치며 논리를 주고받고, 내 뜻을 꺾이지 않게 관철시키는 과정은 마치 격렬한 운동 경기를 보는 듯했다. 그래서 토론(討論)의 '토'가 '공격하다'는 뜻이라는 사실이 새삼 와 닿았다. 그 뜨거운 에너지, 머릿속이 아찔하게 맑아지는 격돌은 데이비드의 가슴속에 불을 지피기에 충분했다.

토론을 시작한 지 1년쯤 되었을 무렵, 데이비드가 디베이트에 더 깊이 몰입하게 된 계기가 찾아왔다. 6학년을 마칠 즈음, Abbotsford Christian School에서 학부모 참관 수업이 열렸다는 연락이 왔다. 나는 서울에 머물러 있었기에 아이 엄마가 대신 참석했다. 수업을 다녀온 아내는 단 한마디로 요약했다.

"군계일학이었어."

그날 수업은 조별 발표와 학부모 질의응답으로 진행되었고, 마침 데이비드가 한창 디베이트에 몰입해 있던 시기였다. 수업 방식은 디베이트와 흡사했다. 대부분의 캐나다 아이들은 발표를 하며 어색해하고 쑥스러워했지만, 데이비드는 달랐다. 발표 자리는 데이비드에게는 무대가 아니라 놀이터였다.

　데이비드 팀의 발표 차례가 다가왔다. 팀원들이 돌아가며 발표를 이어갔고, 마지막은 데이비드의 차례였다. 앞선 내용을 차분히 정리하고 매끄럽게 마무리 했는데 학부모들에게는 그 모습이 꽤나 프로패셔널 하게 보였다고 한다. 발표가 끝나자 학부모들의 질문이 쏟아졌고, 팀원들이 하나씩 대답했지만 막히는 순간마다 데이비드가 자연스럽게 나서서 답했다. 초등학교 6학년, 그것도 유학 2~3년 차에 불과한 아이가 유창한 영어로 자신 있게 대답하는 모습에 학부모들의 시선은 자연스럽게 데이비드에게 집중되었다. 아내의 눈에는 마치 데이비드와 학부모들 사이에 작은 토론이 벌어지는 듯 보였다고 한다.

　그날 이후 데이비드는 영어에 대해 자신감을 가지기 시작했다. 디베이트를 통해 어휘력과 표현력이 또래를 훌쩍 넘었고, 원어민 아이들이 모르는 단어를 데이비드에게 묻는 일이 점점 잦아졌다. 담임선생님은 데이비드가 아주 어릴 때부터 캐나다에 살았던 줄 알았다고 했다. 그만큼 자연스럽고 유려한 언어를 구사했던 것이다. 디베이트는 단순한 수업이 아니라, 강도 높은 언어 훈련장이었다.

어느 날, 동네 마트에서 데이비드와 같은 학교, 같은 교회를 다니는 교포 친구를 우연히 만났다. 그 아이는 장난스레 이렇게 말했다. "데이비드, 요즘 학교에서 인기 최고예요. 그 발표 이후로 여자애들 인기투표에서 1등했어요."

하루의 피로가 그 한마디에 눈 녹듯 사라졌다.

데이비드는 재미있는 걸 열심히 했고, 열심히 하다 보니 잘하게 되었고, 잘하니까 칭찬을 받았다. 그러니 더욱 몰입하지 않을 이유가 없었다. 이기고 싶다는 마음은 데이비드를 집중하게 했고, 집중은 실력을 키웠으며, 실력은 더 많은 승리를 안겨주었다.

어느덧 데이비드는 외국인 중에서 가장 토론을 잘하는 아이가 되었고, 또래 중엔 더 이상 상대가 없었다. 마침내 데이비드는 동네에서 제일 잘하는 토론자로 성장했다.

그러나 물이 흐르듯, 시간도 흐른다.

한때 그렇게 사랑했던 디베이트가, 조금씩 버겁게 느껴지기 시작했다. 데이비드의 마음은 기울고 있었다.

슬럼프였다.

★
[북미 토론 대회를 알아보자]

NSDA (National Speech & Debate Association는 1925년에 설립된 세계 최대 규모의 토론 및 스피치 조직입니다. 미국을 포함한 북미 지역의 중고등학생들이 참가하며, 스피치 능력, 비판적 사고, 효과적인 의사소통, 리더십 등을 종합적으로 평가받습니다.

NSDA에서 진행하는 대표적인 토론 형식은 다음과 같습니다:

1. PF(Public Forum Debate)

   상대 팀별로 찬반 논쟁을 펼치는 형식입니다. 심사위원 및 청중들을 설득해야 하므로 주제를 쉽고 명확하게 설명하는 능력이 요구됩니다. 화자의 제스처, 말의 속도, 분위기 등 다채로운 표현력이 중요합니다.

2. Lincoln-Douglas Debate(LD)

   1대1 형식으로, '개인의 권리가 사회의 안전보다 중요한가?'와 같은 윤리적이고 철학적인 주제를 중심으로 깊이 있는 토론을 벌입니다.

3. Policy Debate

2대2 형식의 정책 중심 토론입니다. 특정 정책에 대한 방대한 자료 조사와 논리 전개가 핵심이며, 리서치 능력이 중요한 역할을 합니다.

4. Congressional Debate

의회 형식으로 진행되며, 참가 학생들이 실제 법안이나 결의안을 작성하고 이에 대해 찬반 토론을 벌입니다. 실제 의회 활동을 모방한 구조입니다.

5. Extemporaneous Speaking (Extemp)

주어진 시간 안에 자료를 수집하고 즉석에서 연설을 준비해야 하는 형식입니다. 평소 다양한 분야에 대한 배경지식을 쌓는 것이 매우 중요합니다.

4장. 토론 좀 하게 내버려두세요, 네?

데이비드는 중등부의 한계를 넘기 위해 고등부 대회에 도전하지만,
억울한 패배와 슬럼프를 겪으며 진정한 성장의 의미를 배워가다.

하고보면 토론만큼 재미있는 것도 없다

우리 가족이 살고 있는 애버츠퍼드 학군에서는 9학년부터 Secondary, 즉 한국으로 치면 고등학교 과정이 시작된다. 간단히 말해, 9학년이 고등학교 1학년인 셈이다. 그런데 북미의 토론 대회는 학교 학제와는 조금 다르다.

토론 대회는 특정 지역이나 학교에 국한되지 않고, 다양한 지역과 심지어 다른 나라의 학생들도 참가한다. 그래서 NSDA 같은 주최 측에서는 학년 기준을 보다 유연하게 운영한다. 중등부(보통 9학년까지)와 고등부(10~12학년)를 나누어 그룹을 구성하고, 각각의 그룹 안에서 별도 랭킹을 매긴다.

NSDA에는 약 14만 명의 중고등학생이 등록되어 있으며, 이들의 성적은 시즌마다 랭킹으로 집계된다. 시즌이 끝나고 12학년이 졸업하면 이들은 자동으로 제외되고, 남은 학생 중 상위 1,000명만 새 랭킹에 이름을 올린다. 고작 상위 0.7%다. 랭킹에 오른다는 것만으로도 엄청난 성과인 셈이다.

흥미로운 점은 중등부 대회 성적이 고등부로 그대로 이어지지 않는다는 것이다. 중등부 성적은 고등부 진학 후 단 10%만 반영된다. 처음엔 다소 박하게 느껴질 수도 있지만, 여기엔 이유가 있다. 바로 **오픈 대회** 때문이다.

오픈 대회는 말 그대로 중등부와 고등부의 구분 없이 누구나 참가할 수 있다. 중등부 학생이 고등부 학생과 맞붙어 승리할 경우, 그 성적은 당연히 더 높은 평가를 받아야 마땅하다. 그래서 일반 중등부 대회의 성적은 10%만 반영되고, 오픈 대회의 성적은 100% 인정된다. 이는 중등부와 고등부 사이의 실력 차이를 반영한 조치이기도 하다.

데이비드는 6학년 때 처음으로 토론 수업을 시작했다. 그해 중등부 대회에 참가하면서 디베이트에 발을 들였다. 7학년이 되자 데이비드는 상황에 따라 중등부와 고등부 대회에 모두 참가했고, 8학년부터는 오로지 오픈 대회만 고집했다.

"중등부는 시시해졌어요."

그 말은 결코 허세가 아니었다.

중등부 대회에서는 예선 64강, 32강 진출은 당연했고, 우승과 준우승도 여러 차례 경험했다. 데이비드에게 토론은 단순한 학습이 아니라 승부욕을 자극하는 경기였다. 그런데 중등부에서는 더 이상 그의 승부욕을 자극할 상대가 없었다.

"인규야 축하해. 또 우승했네."

"아빠, 저 중등부 대회는 이제 안 나가고 싶어요. 시시해졌어요."

"그럼? 토론 그만하려고?"

"아니요. 고등부들이랑 하고 싶어요. 중등부는 배우는 게 1도 없거든요."

"어? '1도 없다'는 말도 알아? 한국말 잘하네?"

"그럼요 당연하죠. 아무튼 저는 이제부터 고등부만 나가고 싶어요."

어른들의 걱정을 아는지 모르는지 데이비드는 고등부 대회 참가만 고집했다. 중등부와 고등부는 실력 차이가 엄청났고, 실제로 고등부에서는 1승도 어렵기 때문이다. 데이비드가 다니던 토론 학원에는 다양한 동양계 학생들이 있었고, 특히 데이비드 보다 두 살 많은 중국인 여학생 한 명은 중등부에서 우승을 밥 먹듯이 하던 스타였다.

하지만 해가 흐르고 데이비드가 두각을 나타낼 무렵 그 여학생은 보이지 않았다. 중등부 최고의 스타 디베이터였던 학생이지만 고등부 레벨에 올라가면서부터 그리 훌륭한 결과를 내지 못했다는 것이다. 밝게 빛나던 스타 학생이 빛을 잃은 것이었다. 촉망받던 유망주가 프로 무대에서 평범한 선수로 전락한 것과 유사했다. 이런 일은 심심찮게 있기 때문에 데이비드가 고등부만 고집할 때, 우리 가족은 내심 걱정스러웠다.

그 걱정은 현실이 되었다. 고등부의 큰 대회에 나간 이후로 데이비드는 자주 예선에서 탈락했다. 중등부에서는 늘 '우승이냐 준우승이냐'의 싸움이었는데, 고등부에서는 64강 진출조차 하늘의 별 따기였다. 잘하던 것을 더 이상 잘하지 않게 된다면 어떤 기분일까? 흥미를 잃진 않을까? 심지어 지는 것에 익숙해지는 것은 아닐까? 걱정되었다.

서울에서 캐나다로 가족 방문을 한 어느날, 나는 조심스럽게 데이비드에게 물었다. 물론 불안한 내색은 전혀 하지 않았다.

"인규야. 고등부 대회 나가는 거 힘들지 않니? 최근에 많이 졌다고 들었어."

조심스럽게 물었다. 하지만 오히려 데이비드는 밝은 목소리로 대답했다.

"아니요, 아빠. 고등부가 훨씬 재미있어요. 지긴 해도 훨씬 재미있어요!"

"지는 게 재미있어? 중등부에서는 항상 이기고 우승도 자주 했잖아. 우승해야 재미있지. 고등부에서는 Break[1] 하는 것도 힘들다며?"

"그런 건 상관없어요. 중등부에서는 이겨봤자 정작 배우는 게 없어요. 그래서 이겨도 재미가 없었나 봐요. 그런데 고등부에서는 지든 이기든 배우는 게 너무 많아요. 승패가 중요

---

1) Break는 예선 라운드를 거쳐 본선에 진출하는 것을 말한다. 본선은 작은 대회는 32강, 큰 대회는 64강이다. 예선 라운드는 보통 6라운드로 진행되며 6승, 5승한 팀들은 토너먼트에 자동 진출한다. 만약 4승한 팀 중 개인 성적이 좋은 일부 팀이 나머지 시드를 받는다. 토너먼트는 패자부활전 없이 결승까지 진행되며 최종 우승자를 가린다.

한 게 아니에요. 형들 정말 잘해요. 근데 중등부에는 그런 애들이 없어요."

"아~ 그렇구나. 그래도 자꾸 지면 힘 빠지지 않아? 중등부 고등부를 병행하는 건 어때?"

"아니에요. 실력이 모자라서 지는 건 전혀 상관없어요. 상대가 어떤 식으로 디베이트 했는지 보고 배우고, 더 공부해서 다음에 이기면 돼요."

"그래? 그럼, 지금 목표는 뭐야?"

"지금은 지난 대회보다 1승 더 하는 거예요. 그다음엔 Break 하고, 나중에는 고등부에서도 우승할 거예요!"

그 말을 들으며 문득 떠올랐다. 데이비드가 디베이트에 빠졌던 이유는 '이기기 위해서'가 아니라 '이기기 위한 과정'이 즐거웠기 때문이었다. 그리고 고등부는 데이비드에게 새로운 도전, 새로운 승부욕을 불러일으켰던 것이다.

그날 이후 데이비드는 매일 디베이트를 연습했다. 조금씩 적응해 나갔고 Break에 아깝게 실패했던 대회에서는 '1승만 더 했으면 됐는데!' 하고 아쉬워하기도 했다. 그 아쉬움은 좌절이 아니라 연료가 되었다. 점점 이기는 날이 많아졌고, 마침내 10학년이 되었을 때, 데이비드는 NSDA 랭킹 4위에 올랐다.

14만 명 중 4위. 상위 0.0028%였다.

하지만, 그 무렵부터 데이비드는 슬럼프에 빠졌다. 그 이유를 단정 지을 수는 없었지만, 몇 가지 단서가 있었다.

억울한 패배의 가르침

캐나다에서 지내던 어느 주말이었다.

친구들과 테니스를 치고 돌아온 나는 예상치 못한 풍경을 마주했다. 집안은 조용했지만 공기에는 묘한 긴장감이 감돌았다. 인성이는 눈물을 흘리고 있었고, 인규는 잔뜩 화가 나 있었다. 순간, 오늘이 토론 대회 날이었다는 것이 떠올랐다. 혹시 토론에서 진 걸까? 하지만 분위기가 뭔가 달랐다. 평소라면 지고 돌아와도 담담히 원인을 분석하던 아이인데, 오늘은 그저 화만 쏟아내고 있었다.

나는 먼저 울고 있는 인성이에게 조심스레 다가가 물었다.

"인성아, 왜 울고 있어? 무슨 일 있었어? 형이랑 싸웠어?"

"아니에요... 형이 디베이트에서 두 번 졌어요. 그런데 두 번 다 Parent Judge였대요..."

잠시 인성이의 말을 곱씹다, 문득 Parent Judge 제도가 떠올랐다. 말 그대로 해석하면 '학부모 심사위원'. 즉, 전문가가 아닌 일반인도 토론 대회의 심사위원이 될 수 있는 제도다. 언뜻 보면 불안정해 보일 수도 있지만, 미국의 100년 전통을 자랑하는 NSDA에서 이 제도를 채택한 데는 분명한 이유가 있다.

데이비드가 참여하는 PF, 즉 Public Forum Debate는 단순히 상대를 이기는 것만으로는 부족하다. 논리와 근거뿐 아니라 얼마나 청중을 설득하느냐가 관건이다. 그리고 그 청중에는 남녀노소, 전문가와 비전문가, 다양한 사람들이 포함된다. 그렇기에 일반인인 학부모도 '대중'의 일부로서 심사위원이 될 수 있는 것이다.

하지만 이 제도에는 언제나 논란이 따른다. 전문성이 부족하다는 지적, 그리고 개인적인 가치관이나 감정이 판정에 개입될 수 있다는 우려가 있다. 예를 들어 안락사에 대한 찬반 토론이 있다면, 해당 주제에 대해 뚜렷한 신념을 가진 심판은 논리보다 감정에 따라 판단할 가능성이 있다. 전문 심판이라면 감정을 배제하고 평가하겠지만, Parent Judge는 그렇지 못할 때가 있다. 인규가 겪은 판정이 바로 그런 경우였다.

인성이는 계속 울고 있었다.

"심판이 너무 이상했어요. 형이 완전히 이겼는데 졌대요. 얼마나 억울하고 속상할지 생각하니까 저도 마음이 아파요…"

형도 울지 않았는데, 형을 생각하는 마음에 대신 울고 있는 동생이라니. 순간 마음이 멍해졌다. 나도 어릴 적 형이 억울할 때 이렇게 울어준 적이 있었던가? 괜스레 미안해졌고, 인성이가 천사처럼 느껴졌다.

인규는 여전히 진정되지 않은 표정이었다. 평소 같았으면 혼자 조용히 분석하며 마음을 정리했을 텐데, 오늘은 달랐다. 고민 끝에 인규에게 조심스럽게, 왜 그렇게 심하게 화가 났는지 물어봤다. Parent Judge는 전문성이 다소 부족하기 때문에, 실력자들이 치열하게 토론을 붙으면서 전문성이 짙어지는 경우, Parent Judge가 토론의 내용을 이해하지 못하는 경우도 종종 있기 때문이었다. 혹은 다른 이유가 있는지도 궁금했다.

"인규야, 인성이한테 대충 들었는데, 무슨 일이 있었던 거야?"

"아빠… 이번엔 진짜 억울해요. 심판 때문에 진 거예요. 물론 사람마다 생각이 다를 수 있다는 거 알아요. 그래서 저도 항상 70~80% 정도만 승리를 예상했어요. 이긴 것 같아도 늘 겸손하게 받아들였어요. 그런데 이번에는... 진짜 아니에요."

"정말 속상했겠구나. 네가 이겼다고 생각했는데 결과가 반대로 나왔으면 그만큼 마음도 무겁겠지. 그렇지만 평소처럼, 뭐가 부족했는지 생각해보면 다음엔 더 강해질 수 있잖아."

"아니에요. 분석할 게 없어요. 이번엔 우리가 100% 이겼어요. 그런데 심판이 완전히 바보 같았어요. 전문성도 없고, 말도 안 되는 이유로 졌어요. 도저히 납득이 안 돼요."

옆에서 듣고 있던 인성이도 울먹이며 거들었다.

"아빠. 왜 그런 바보 같은 Parent Judge가 있는 거예요? 그냥 선생님들이 심판 보면 안 돼요? 그러면 억울한 판정이 없잖아요!"

나는 아이들의 마음을 헤아리려 애쓰며 인성이를 먼저 달랬다.

"그래, 인성아. 네 말도 맞아. 그런데 왜 그런 제도가 필요한지, 조금 있다가 이야기해 줄게."

그 사이 인규는 말을 멈췄다. 하지만 분노가 가라앉지는 않았는지 조용히 옷을 챙겨 입더니, 산책이나 해야겠다며 밖으로 나갔다.

이런 일은 규모가 작은 지역 대회에서는 비교적 자주 일어난다. 물론 전국 규모 이상의 큰 대회에서는 대부분 전문 심판이 배정되기에 억울한 판정은 드물다. 결국 실력으로 승부가 나는 경우가 대부분이다. 하지만 설령 억울한 판정이라 해도, 거기서 배울 것이 전혀 없는 건 아니다.

특히 PF의 경우, 주장과 근거, 논리적 전개 등 실력 외에도 토론에 임하는 태도나 스타일이 판정에 영향을 끼친다. 따라서 참가자들은 자신의 주장을 일방적으로 밀어붙여서는 안 된다. 심판과 청중이 자신의 논리를 따라오고 있는지, 어떤 부분에서 고개를 갸웃하는지를 읽어가며 토론을 이끌어야 한다. 결국 청자까지 세심하게 살필 줄 아는 사람이 진짜 실력자인 셈이다.

그래서 경험 많은 디베이터들은 토론 전에 심판의 성향을 파악하거나, 토론 도중에도 반응을 읽으며 전략을 조율한다. 물론 가장 중요한 건 기본기, 즉 탄탄한 실력이다. 하지만 상대를 설득하려면 청중의 마음까지 살필 줄 아는 민감함이 필요하다. 그렇기 때문에 논란 속에서도 Parent Judge 제도는 여전히 유지된다. 그들도 결국 '대중'의 일부이기 때문이다.
― 알겠지, 인성아?

　인규는 승부욕이 강했고 고등부 대회는 인규의 그런 승부욕을 자극했다. 그런데 억울한 판정을 당할 때면 강한 승부욕만큼 억울함을 느꼈던 것 같다.

캐나다 아들, 한국 엄마

디베이트에서 겪는 억울함뿐만 아니라 슬럼프에 빠진 데에는 외부적인 요인도 있었다. 바로, 자녀를 둔 대한민국의 거의 모든 부모들이 한 번쯤은 겪는 학업 갈등—부모와 자식 사이의 미묘한 긴장감이었다.

캐나다에서는 고등학교를 '하이스쿨' 혹은 '세컨더리 스쿨'이라 부른다. 데이비드는 초등학교와 중학교를 다녔던 Abbotsford Christian School(ACS)을 떠나, 고등학교는 Yale Secondary로 진학했다. ACS는 숙제가 적고 아이들이 마음껏 뛰놀 수 있는, 말 그대로 천진난만한 아이들을 위한 이상적인 학교였다. '선한 시민을 기른다'는 교육 철학에 따라 선생님들은 아이들을 따뜻하게 품어주었고, 교실에는 언제나 온기가 가득했다. 하지만 학년이 올라가고, 대학이라는 이름이 삶의 길목에 슬며시 모습을 드러내자 그 따뜻함이 언젠가부터 안일함처럼 느껴지기 시작했다.

승부욕과 경쟁심이 유달리 강한 데이비드에게는 주변의 분위기와 자극이 중요했다. 아무리 성실해도, 함께 나아갈 동료가 없고 도전할 상대가 없다면 그 힘은 쉽게 잠들 수 있다. 마침 Yale Secondary에는 Honor's Class, 우리식으로 말하면 '우등반'이 있었다. 성적이 우수하고 학문적으로 의욕이 넘치는 학생들을 위한 고급 과정이 따로 운영되는 이 제도는 데이비드의 새로운 승부욕을 자극했다. 가족회의 끝에 우리는 오랜 시간 정들었던 ACS를 떠나, 새로운 환경으로의 발걸음을 결정했다. 아름다웠던 추억은 마음에 담고, 현실적인 선택을 따르기로 한 것이다.

우리 부부는 이즈음부터 자연스럽게 아이들의 교육 문제에 더 관심을 두고 조금씩 참견(?)하기 시작했다. 아무리 한국식 학업이 싫다고는 하지만 우리 부부는 여전히 한국인 부모였다. 특히 한국과 캐나다에 왔다 갔다 했던 나보다는 엄마가 아이들과 부딪히는 일이 조금씩 잦았다. 아무래도 한국 고등학생들이 대학 입시를 위해 어떤 노력을 하는지 계속 듣다 보니, 그 영향을 받은 듯했다. 인규도 캐나다에서 면학 분위기가 좋은 학교에 다녔지만 아마 한국 학생들이 보기에는 베짱이로 보였을 것이다.

데이비드는 학교에서 돌아오면 숙제를 했고, 특별히 시간을 쪼

개지는 않았지만 나름의 리듬을 유지하며 생활했다. 디베이트 수업을 하거나 후배들을 가르치기도 했고, 운동을 즐기기도 했다. 농구와 골프, 무에타이를 번갈아 했으며, 어느 날은 샌드백을 치고, 또 어떤 날은 기타를 치며 감정을 흘려보냈다. 때론 집중해서 책을 읽었고, 때론 음악을 들으며 고요에 잠겼다.

하지만 이런 삶의 방식은, 학원과 인강, 시험과 성적표에 익숙한 한국 학생들에게는 이해받기 어려운 것이었다. 정해진 시간에 공부하고, 정해진 과목을 반복하며 달려가는 한국 학생들에게 데이비드는 대학을 포기한 '자유인'처럼 보였을지도 모른다. 그러나 내가 보기엔, 데이비드는 그 누구보다 자기 삶에 책임을 지는 '모범생'이었다.

그럼에도 불구하고, 한국 학생들의 공부 이야기를 듣는 인규의 엄마는 조바심이 났던 것 같다. 인규가 커갈수록 학업 문제로 아내와 인규가 부딪히는 일이 잦아졌다.

"인규야, 또 기타 치고 있어? 기타 치는 것도 좋은데, 지금은 중요한 시기잖아."

"알고 있어요. 저도 알아서 하고 있어요."

"알아서 안 하는 것 같으니까 그러지. 한국 학생들은 얼마나 열심히 하는지 알아? 시험기간엔 일요일에도 학원가고, 집에선 인강 들어."

"저도 공부하고 있어요!"

이 대화를 듣고 있자면 나도 불안했다. 친구들로부터 들은 한국 학생들의 고군분투가 떠올랐고, 부모로서 '이래도 되는 건가' 하는 의심이 고개를 들곤 했다. 그래도 나는 '부모가 교육에 너무 개입하지 않는 것이 오히려 도와주는 것'이라는 말을 믿기로 했다. 그래서 웬만하면 잔소리를 삼가며, 조금 더 멀리서 아이를 바라보기로 했다.

엄마와 말다툼을 한 날이면 인규는 자연스럽게 나를 찾았다.

"아빠, 산책 좀 해요."

혹은

"좀 걸을 건데, 같이 나갈래요?"

같은 말이었다.

엄마와 아빠의 역할이 따로 있다고 생각해본 적은 없지만, 자연스럽게 분담이 이루어졌다. 엄마가 채찍이라면, 나는 당근이 되었다. 누군가는 불편한 진실을 말해야 하고, 또 누군가는 그 진실을 조용히 감싸줘야 했다. 나는 그 조용한 쪽을 선택했다.

'오히려 좋은데?'

사춘기 아들과 산책을 함께하는 아빠가 얼마나 될까 생각하면, 내 욕심을 부리는 건 사치라는 생각이 들었다. 인생에서 단 한 번뿐일 사춘기의 시간을, 아이와 나란히 걸으며 데이비드의 숨소리를 들어주는 것—그것도 하나의 교육이라 믿었다. 그래서 정말 피곤하지 않은 이상, 나는 언제나 인규의 산책에 동행했다.

인규는 처음 몇 분 동안 자신의 답답한 마음을 털어놓았다. 나는 말없이 인규의 이야기를 들었다. 그러나 대화는 오래가지 않았다. 집 문을 나서 공원까지, 길어야 2~3분 남짓이었다. 그 뒤로는 인규가 이어폰을 끼고 음악을 들었고, 나는 옆에서 묵묵히 걸었다.

대화 없는 산책이 무슨 의미냐고 생각할 수도 있지만, 나는 '내가 말 없이 옆에 있다는 것만으로도 인규에게 힘이 되는구나!' 하고 생각했다. 30분에서 1시간가량 함께 고요한 산책을 마치고 집으로 돌아오면 인규의 마음은 어느 정도 풀린 듯했다. 말이 없었던 만큼 머릿속은 시끄러웠던 것이 틀림없었다. 그건 나 역시 마찬가지였다. 나도 고등학생 아이의 아빠는 처음이니까.

〈안개 낀 캐나다의 어느날〉

우리 가족이 유학을 결심한 이유

고등학생이 된 인규는 자신의 진로는 자신이 정하고, 그 선택에 책임도 스스로 지겠다는 각오가 분명했다. 그래서 신중하게 고민한 끝에 내린 결정이었지만, 엄마의 눈에는 그것이 늘 어딘가 아쉽고 부족해 보였던 모양이다. 결국, 인규의 결정과 엄마의 기대 사이, 미묘한 시선의 차이에서 갈등은 언제나 시작되었다.

정답이 없는 문제였기에 이 갈등의 불씨는 쉽게 꺼지지 않았다. 잠잠해지는가 싶다가도 언제든 기회를 엿보듯 다시 타오르곤 했다. 내가 걱정했던 것은 그 갈등이 아이에게 감당할 수 없을 만큼의 스트레스로 번지는 일이었다. 공부든, 디베이트든, 혹은 취미 생활이든, 그 어떤 것도 부담이 되어 아이가 관심을 잃거나 심지어 싫어하게 되지는 않을까—그것이 나를 가장 불안하게 만들었다. 그렇다고 모든 것을 자율에만 맡길 수는 없었기에, 엄마의 역할도 참으로 버거워 보였다.

　미리 말하자면, 이 힘든 시기를 우리가 무사히 지나올 수 있었던 것은 우리 부부에게 흔들리지 않는 기준이 있었기 때문이다. 우리가 유학을 결심했던 가장 큰 이유는, 기계처럼 반복하는 낡은 주입식 공부가 우리 아이들의 삶을 지배하게 하고 싶지 않아서였다. 대신 아이가 좋아하는 것을 스스로 선택하고, 거기서 의미와 열정을 발견할 수 있도록 돕는 것—그것이 우리의 교육 철학이자 유학의 본질적인 이유였다.

　그래서 우리는 아이들에게 되도록 많은 경험을 시켜주려 했다. 흥미를 느끼는 분야가 생기면 아낌없이 지원해주었고, 반대로 흥미를 느끼지 못하는 일은 과감히 멈추게 했다. 포기 또한 선택이며, 선택에는 언제나 책임이 따른다는 걸 아이들이 어릴 때부터 체득하길 바랐다. 그리고 실제로, 아이들이 두각을 나타낸 모든 일은 언제나 스스로 '재미있다'고 느꼈던 것이었다.

　하지만 그럼에도, 이 시기의 인규는 여러 겹의 고민 속에 잠겨 있었다. 진로에 대한 진지한 고민, 엄마와의 반복되는 갈등, 그리고 무엇보다 디베이트에서의 억울한 판정들—그 모든 것이 한꺼번에 밀려왔다. 결국 인규는 1년 가까이 디베이트 대회에 출전하지 않았고, 자신도 모르게 깊은 슬럼프 속으로 빠져들었다.

5장. 다시 뛰는 전우애

디베이트에서 잠시 물러났던 데이비드는 파트너 아키라와의 재회와

친구들과의 교류를 통해

다시 열정을 되찾고, TOC 세계 챔피언을 향해 재도약을 시작하다.

쉼표

비록 데이비드는 1년 동안 디베이트 대회에 나서지 않았지만, 그렇다고 디베이트와 완전히 등을 진 것은 아니었다. 당시 데이비드는 NSDA 세계 랭킹 4위, 전 세계 14만 명의 디베이터 중 상위 0.0028%에 속하는 실력자였다. 우리가 살고 있던 애버츠퍼드에서는 데이비드와 제대로 맞붙을 상대가 없었고, 그런 재능을 그냥 썩히기엔 너무 아까웠다. 그래서 데이비드는 디베이트 학원에서 자신보다 어린 후배들을 가르치며 시간을 보냈다.

디베이트 트레이너로서 데이비드는 자료 수집 방법부터 논리 전개와 반박 스킬까지 아낌없이 전수했다. 또 멘토로서 대회에 참가하는 후배들에게는 실전 경험에서 얻은 꿀팁과 조언을 아끼지 않았다. 그래서 엄밀히 말하면 디베이트를 '쉬다'기보다는, 다른 방식으로 여전히 디베이트와 함께하고 있었던 것이다.

하지만 대회에 참가하지 않으니 자연스레 랭킹은 서서히 내려갔다. 결국 4위에서 20위권 밖으로 밀려났을 때, 나도 모르게 마음이 흔들렸다. 잘하던, 그리고 누구보다 사랑하던 일을 멈추는 걸까 봐 걱정되었다. 혹시 이대로 무대에서 멀어지는 건 아닐까, 두려웠다. 그러나 나는 데이비드를 다그치지 않았다. 분명 그 아이도 마음속에 많은 생각을 품고 있을 것이라 생각했다. 겉으로는 아무렇지 않은 척했지만, 그 나이에 고민이 없다면 그게 오히려 더 이상한 일 아닐까. 나는 그렇게 믿었다.

한국에서 입시 때문에 아이를 다그치는 것이나, 캐나다에서 토론 때문에 아이를 다그치는 것—본질적으로는 다를 게 없다고 생각했다. 결국 캐나다까지 유학을 결심한 이유, '강요하지 않는 교육'이라는 원칙을 무너뜨리는 일이 될 테니까. 아이가 고민하는 것이 그 아이의 몫이라면, 그 고민을 기다려주는 것이 부모의 몫이라고 생각했다.

그러던 어느 날, 데이비드가 다시 깨어나는 듯한 조짐이 보였다. 슬럼프에서 빠져나올 계기, 그것은 다름 아닌 데이비드가 디베이트를 통해 만났던 수많은 '친구들'이었다. 직접 만나거나, 혹은 SNS를 통해 이어진 인연들이었다.

나는 인스타그램을 일기장처럼 조용히 기록용으로 쓰지만, 데이비드는 달랐다. 데이비드의 계정에는 '이 인스타그램의 주인은 나예요'라는 느낌이 나는 게시물 몇 개가 전부였다. 그런데도 놀라운 건, 그 계정의 팔로워와 팔로잉 수가 모두 1,000명 내외였다는 점이다. 아들에게 물어보니, 학교 친구나 운동 친구, 학원 친구도 있지만 대부분은 디베이트를 통해 알게 된 사람들이라고 했다.

사실 친구라고는 했지만, 대부분은 대회에서 만난 형, 누나들이었다. 데이비드가 일찍이 고등부 대회에 출전했던 덕분에 2~3살 많은 친구들과도 인연이 닿았다. 데이비드는 디베이트에서 워낙 두각을 나타냈기에, 상대 디베이터들이 먼저 다가와 인스타그램을 주고받는 일이 많았다고 했다. 물론 그 반대도 있었다.

"이 형은 저~~번 대회 16강에서 제 상대편으로 만났던 11학년 형이에요. 그 대회에서 우승까지 했어요. 디베이트 하면서 친해졌어요. 아, 그리고 얘는 저랑 동갑인데 뉴욕의 유명한 사립학교에 다녀요."

"그래? 디베이트 덕분에 친구를 많이 사귀었구나."

"네. 다른 지역, 다른 나라에서 온 학생들이 많아서요. 다른 고등학교 이야기 들을 수 있는 것도 재밌고요. 다들 똑똑하고, 디베이트도 잘해서 배우는 게 정말 많아요."

그 이야기를 듣다 보니, 데이비드가 8학년이던 해 텍사스에서 열린 내셔널 대회가 떠올랐다. 당시 데이비드의 파트너는 중국계 여학생 메릴. 데이비드는 아직 키가 작았고, 메릴도 160cm가 안 되는 왜소한 체격이었다. 내 눈엔 그저 꼬마 둘이었다.

그런데 데이비드와 메릴의 상대는 190cm는 족히 넘어 보이는 12학년 학생들. 농구 선수 같은 덩치에, 말 그대로 '고등학생의 끝판왕'처럼 보였다. 꼬마 둘과 거인 둘이 마주 선 모습은, 흡사 아이와 어른의 싸움 같았다. 마음 한켠이 짠했다. 저 자리에서 대신 싸워줄 수도 없고, 설령 싸워준다 해도 이길 자신이 없었다.

하지만, 막상 토론이 끝났을 때 승자는 데이비드와 메릴이었다. 작고 어린 두 아이가 거인을 꺾는 그 장면을 보며, 나는 울컥했다. 대견해서, 그리고 믿음직해서.

〈190cm 흑인을 이긴 160cm였던 인규와 메릴〉

그렇게 맺어진 인연들이 지금까지도 데이비드의 인스타그램 안에 살아 있었다. 그리고 그 친구들의 일상, 여전히 대회에 참가하며 열정을 불태우는 모습들이 데이비드에게 간접적인 자극이 되었던 것이다. 어쩌면 그들이 있었기에, 데이비드는 자신도 모르게 다시 마음속 불을 지필 준비를 하고 있었던지도 모른다.

미래의 두 챔피언

데이비드의 토론 승부욕에 다시 불을 붙인 직접적인 친구는 데이비드의 파트너, 아키라 요시야마였다. 데이비드가 디베이트 대회에 잠시 발을 뗀 시기에, 아키라도 마찬가지로 대회에 나서지 않고 있었다. 당시 데이비드는 10학년, 아키라는 12학년이었다. 아키라는 대학 입시 준비로 여유가 없었던 것이다.

아키라는 혼혈이었다. 일본식 이름과 다르게, 그는 가르마를 탄 헤어스타일과 갈색 피부를 가진 이국적인 외모를 지니고 있었다. 어렴풋한 기억으로는 일본인 아버지와 아랍계 어머니에서 태어났다고 했던 것 같다. 데이비드보다 두 살 많았지만 키는 오히려 작았고, 각진 안경을 쓰는 모습이 인상적이었다.

데이비드의 말에 따르면, 아키라는 말이 많고 말투가 빠른 편이었다. 첫인상은 약간 '너드' 같았다고 한다. 두 사람은 학원에서 처음 만났고, 토론 학원 원장님의 소개로 연결되었다. 뉴욕 출신으로 디베이트 경험이 풍부했던 아키라는, 당시 학원에서 가장 잘한다고 평가받던 데이비드와 자연스럽게 짝이 되었다. 아키라는 이 학원에서 처음으로 PF(Public Forum) 형식의 토론을 접했고, 이후 꾸준히 PF 대회에 참가했다.

하지만 두 사람의 첫 만남에는 영화 같은 일은 없었다. '영혼의 파트너'를 만나 밤새 이야기하거나, 불꽃 튀는 맞대결 끝에 서로의 실력을 인정하며 친구가 되는 그런 장면은 없었다. 그저 인사를 나누고, 별다른 대화 없이 각자의 시간을 보냈을 뿐이다. 지극히 평범하고 건조한 첫 만남이었다.

사실 둘은 언뜻 봐도 공통점보다 차이점이 눈에 띄었다. 한국인인 데이비드와 일본계 혼혈인 아키라. 안경을 쓰지 않는 데이비드와, 각진 안경을 쓰는 아키라. 피부 톤, 외모, 말투, 분위기, 성격 모두 달랐다. 그럼에도 두 사람은 이후 한 팀이 되어, TOC 세계 디베이트 대회 50년 역사상 최초로 외국인 세계 챔피언이라는 타이틀을 거머쥐었다. 당시엔 상상도 못 했던 일이고, 지금 생각해도 참 신기한 인연이다.

이 책을 쓰면서 알게 된 사실이 하나 더 있다. 두 사람은 사적으로는 거의 시간을 함께 보내지 않았다는 것이다. 대회가 끝난 후 다른 팀원들과 함께 식사하거나, 숙소에서 게임을 한 적은 있어도, 단둘이 만나서 시간을 보내는 사이는 아니었다. 주말에 어울려 웃고 떠들거나, 소년들답게 일탈을 하는 그런 친구 사이가 아니었던 것이다. 생각보다 훨씬 비즈니스적인 관계였다. 굳이 비유하자면, 아이언맨과 캡틴아메리카처럼—지구를 지키기 위해 완벽하게 협업하지만, 사적으로는 거리감이 있는 직장 동료 같은 느낌이었다.

이렇게 달라 보였지만, 토론에서만큼은 이 둘의 궁합이 환상적이었다. 데이비드-아키라 팀이 강팀으로 평가받았던 이유는 바로, 두 사람의 토론 스타일이 상호보완적이었기 때문이다.

데이비드는 비판적이고 논리적인 토론을 펼쳤다. 상대의 논리를 해부하듯 정밀하게 분석하고, 허점을 집요하게 파고들었다. 상대가 당황할수록 데이비드의 논리는 더욱 탄탄하고 정교해졌다. 다양한 시각과 깊이 있는 분석으로 상대를 압도하는 이 방식은 강한 리더십을 보여주는 동시에, 때로는 청중에게 부담을 줄 수 있었다. 너무 강한 힘에는 종종 반감도 따르기 마련이었다.

이 점을 부드럽게 보완한 사람이 바로 아키라였다. 아키라는 경청의 토론을 펼쳤다. 상대의 주장을 존중하고, 그 의견을 잘 이해한 뒤, 조용히 더 나은 대안을 제시하며 우위를 점하는 스타일이었다. 상대의 말에 귀 기울이고 존중하는 태도는 유연하고 성숙해 보였지만, 자칫하면 우유부단하거나 동의하는 인상으로 비칠 수 있었다. 이 약점을 데이비드의 날카로운 분석과 강한 어조가 보완했다.

이처럼 데이비드의 '강함'과 아키라의 '부드러움'은 절묘하게 균형을 이루었다. 공격과 수비, 논리와 공감, 날카로움과 따뜻함이 어우러진 이 팀은 청중의 신뢰를 얻고, 심판을 설득할 수 있었다.

다시, 처음부터

　데이비드와 오랜 시간 호흡을 맞춰온 파트너 아키라는, 12학년의 마지막 TOC(Tournament of Champions)에 함께 참가해보자고 제안했다. TOC는 미국에서 열리는, 세계에서 가장 큰 고등학생 디베이트 대회다. 데이비드는 토론을 시작한 이후, 작은 지역 대회에서 우승할 때마다 언젠가 세계 챔피언이 되겠다며 내게 말하곤 했다. 그리고 이번이 파트너와 함께할 마지막 대회였다. 어쩌면 진짜로 챔피언이 될 수도 있는 기회였다.

　하지만 처음부터 큰 기대를 한 것은 아니었다. 오히려 파트너의 마지막을 배웅하는 마음으로 참가하는 대회에 가까웠다. 데이비드는 한동안 대회에 참가하지 않았고, 아키라도 마찬가지였다. 오랫동안 실전에서 멀어져 있었고, 세계 랭킹 역시 예전만 못한 상태였다. 그래서인지 두 사람은 마음을 가볍게 먹었다. 그래도 데이비드는 아키라의 제안에 기꺼이 응했고, 두 사람은 마지막 세계 대회를 함께 준비하게 되었다.

첫 시작은 캐나다 예선이었다. 평소 같았으면 세계 랭킹 덕분에 예선을 건너뛸 수 있었지만, 오랜 공백으로 랭킹이 낮아져 처음부터 출발해야 했다. 말 그대로 밑바닥부터 다시 시작하는 셈이었다. 나는 체력적으로나 감정적으로나 두 사람이 부담을 느끼지 않을까 걱정했다. 하지만 결과적으로 예선은 오히려 좋은 자극이 되었다.

"오랜만에 예선부터 준비하는 데 힘들지 않아?"

"아니요. 오히려 좋아요."

"좋다고? 경기가 훨씬 많잖아."

"네. 대회 참가는 오랜만이잖아요. 그래서 감을 잃었을 수도 있겠다고 생각했어요. 그런데 예선전에서 비교적 쉬운 상대로 토론하다 보니 오히려 점점 감을 찾고 있어요."

마치 부상에서 돌아온 운동선수가 가벼운 러닝으로 몸을 풀듯, 예선전은 데이비드와 아키라에게 감각을 회복하는 단계가 되었다. 물론 상대팀에게는 미안한 일이지만, 그들과의 경기가 데이비드-아키라 팀에겐 윤활유 역할을 한 셈이었다.

게다가 데이비드는 나에게 오히려 실력이 향상된 것 같다는 말도 했다. 대회를 쉬는 동안 데이비드와 아키라는 후배 디베이터들을 가르치는 데 집중했다. 데이비드는 자신이 알고 있던 내용을 체계적으로 정리하며 기본 논리 구조와 주장 전개 방식을 다듬었다. 또 '감'이라는 추상적인 요소를 후배들에게 설명하려다 보니, 어떤 부분을 강조하고, 어떤 제스처와 시선을 써야 하는지 스스로 성찰할 수밖에 없었다. 이 과정은 곧 자신을 재정립하고 기본기를 반복 연마하는 과정이었다. 데이비드와 아키라는 가르치며 성장했다.

그 결과, 캐나다 예선을 무난히 통과해 캐나다 챔피언 자리에 올랐다. 이미 TOC 출전 자격을 얻어둔 다른 강팀들과 함께, 캐나다 대표 8팀 중 하나로 세계 무대에 나서게 된 것이다. 바로 챔피언들의 전쟁, TOC 왕중왕전이었다.

TOC는 말 그대로 세계 최고의 고등학생들만 모이는 디베이트 대회다. 미국, 캐나다, 한국, 인도, 싱가포르, 중국 등 각국에서 뛰어난 실력을 인정받은 팀들이 출전한다. 이 대회에 참가하려면 국가 대회나 주요 국제 대회에서 TOC 배지(TOC Bid)를 획득해야 한다. TOC는 그런 배지를 받은, 즉 챔피언들의 대회다. 따라서 대회 자체가 '왕중왕전'인 셈이다.

이때까지만 해도 데이비드와 아키라는 우승을 목표로 하진 않았다. 파트너와의 마지막 추억을 만드는 것이 목적이었다. 하지만 예선을 거치며 둘은 자신들의 기량이 오히려 전보다 더 좋아졌다는 걸 느꼈다. 오랜만에 다시 맞춰보는 팀워크 역시 한층 더 세련되어 있었다. 그래서 두 사람은 '본선 토너먼트에 오르는 것까지는 목표로 해볼 만하지 않을까?' 하는 자신감을 내비쳤다.

사실 본선에 오르는 팀들은 대부분 굵직한 대회에서 최소 한두 번은 우승해 본 강자들이다. 그들과 겨루는 것 자체가 영광이고, 동시에 소중한 추억이었다. 그렇게 데이비드와 아키라는 다시 반짝이기 시작했다. 나는 오랜만에 보는 데이비드의 눈빛 속에서 예전의 열정을 다시 보았고, 내심 무척 기뻤다.

기다려라, 켄터키

대회는 미국 켄터키주 렉싱턴, 켄터키 대학교에서 열렸다. 데이비드와 아키라는 대회 첫 라운드를 하루 앞둔 오후에야 렉싱턴에 도착했다. 4월의 켄터키는 생각보다 쌀쌀했지만, 그만큼 하늘은 맑았고 햇살은 눈부시게 따뜻했다. 대회장 밖으로는 웅장한 대학 건물들이 줄지어 있었고, 그 주변으로 펼쳐진 자연 풍경은 조용하고도 고요했다. 마치 토론을 위한 무대가 이미 완성되어 있다는 듯, 그곳은 말하고 생각하기에 더없이 좋은 장소처럼 느껴졌다.

두 사람은 공항에서 호텔로 직행한 후 짐을 풀 새도 없이 대회 준비에 돌입했다. 미리 정리한 자료를 다시 검토하고, 빠진 부분은 없는지 마지막까지 자료 조사를 이어갔으며, 스피치 연습도 쉬지 않고 반복했다. 그렇게 쉴 틈 없이 몰아붙인 이유는 하나였다.

TOC 대회의 일정은 숨 돌릴 겨를조차 없을 만큼 빠듯했기 때문이다. 예선에서부터 본선 32강, 그리고 결승까지. 이 모든 경기를 단 3일 만에 마쳐야 했다. 시간이 절대적으로 부족한 일정 속에서 결국 승패를 가르는 것은 평소의 준비와 기량이었다.

한국의 대학생 토론 프로그램에서는 매 회차마다 토론 주제가 바뀌는 것이 일반적이다. 하지만 세계 최대 규모의 고등학생 토론 대회인 TOC는 그와 정반대의 방식을 택한다. 이 대회에서는 예선부터 결승까지 오직 하나의 주제만으로 모든 경기가 진행된다. 데이비드가 참가했던 해의 주제는 '미국 연방 정부는 생체 인식 기술을 통한 개인 데이터 수집을 금지해야 하는가?'였다. 처음부터 끝까지, 바로 이 하나의 질문을 가지고 모든 팀들이 논리를 세우고 무너뜨리며 치열하게 맞붙는 것이다.

이러한 주제는 매년 24개가 미리 공개된다. 한 달에 두 개씩, 1년치 주제가 선공개되며, 매달 디베이터들의 투표를 통해 그달의 주제가 최종 선정된다. 한 번 정해진 주제는 그 달 한 달간 변하지 않는다. 그리고 참가자들은 이 단 하나의 주제를 두고 반복해서, 그러나 매번 새로운 상대와의 경기를 치르게 된다.

데이비드가 토론 대회에 참가했을 때 선정된 주제는 '미국 연방 정부는 생체 인식 기술을 통한 개인 데이터 수집을 금지해야 하는가?'였고, 예선부터 결승까지 이 주제로 토론했다. 이 한 가지 주제로 결승까지 이어지는 만큼 주제에 대한 심도 있는 고민과 체계적인 자료 조사가 필수적이었다.

왜 TOC는 이런 방식을 고집하는 걸까? 내 생각엔, 단지 승패가 아니라 '깊이 있는 사고'를 목표로 하는 교육 철학이 깔려 있기 때문일 것이다. 비유하자면, 토론을 매번 다른 주제로 진행하는 것은 마치 영화를 한 번 보고 말아버리는 것과 같다. 물론 다양한 영화를 경험할 수는 있겠지만, 어느 것도 깊이 이해하진 못한다. 반면 같은 영화를 두 번, 세 번 반복해서 보면 처음에는 보이지 않던 장면들이 보이고, 놓쳤던 대사들의 의미가 새롭게 다가온다. 토론도 마찬가지다. 하나의 주제를 오랫동안 붙들고 고민하면 훨씬 더 많은 정보와 관점을 접하게 되고, 그만큼 깊이 있는 이해에 도달할 수 있다. 겉만 훑고 지나치는 인터넷 검색 1페이지 수준을 넘어서려면, 반복과 숙고가 반드시 필요하다. 결국 토론은 상대를 무너뜨리기 위한 기술이 아니라, 보이지 않던 것을 보는 눈과 들리지 않던 것을 듣는 귀를 기르기 위한 수련이다. TOC가 한 달에 단 하나의 주제만을 다루는 이유는, 이 본질에 가장 가까운 형식을 선택했기 때문이 아닐까.

대회에는 또 다른 독특한 규칙이 있었는데 동전 던지기를 통해 주제의 찬반 혹은 선공 후공을 선택한다는 것이었다. 예를 들어 동전이 앞면이 나왔을 때, 앞면을 선택한 팀에게 두 가지의 선택지가 주어진다. 찬반을 선택할지, 선공 후공을 선택할지. 만약 앞면 팀이 찬성 혹은 반대를 먼저 선택한다면, 상대 팀이 선공과 후공 중 하나를 먼저 선택한다. 반대로 앞면 팀이 선공 혹은 후공을 먼저 선택한다면 상대 팀이 찬성 혹은 반대를 먼저 선택한다. 즉, 동전 던지기의 결과에 따라 내가 찬성할 수도 반대를 할 수도, 먼저 공격할 수도 늦게 공격할 수도 있다. 따라서 모든 방면을 대비해야 했다.

이 동전 던지기는 디지털 방식으로 진행되며, 결과는 TOC 공식 시스템에 모두 기록된다. 참가자들은 모바일 앱을 통해 각 팀이 어떤 선택을 해왔는지 열람할 수 있었고, 이는 전략 수립에 매우 중요한 자료가 되었다. 예컨대 어떤 팀이 계속해서 찬성 입장을 고수해왔다면, 그 팀은 찬성 측 논리가 강하다고 분석된다. 그러면 다른 팀은 전략적으로 찬성 입장을 먼저 선택하여, 상대를 반대 측으로 몰아넣는 전술을 구사하기도 한다. 이렇게 TOC에서는 실제 토론이 시작되기 전부터 이미 분석과 심리전이 펼쳐지고 있었다.

대회 전날 밤, 데이비드와 아키라는 마지막까지 선생님들의 조언에 귀를 기울이며 준비를 점검했다. 부족한 부분을 보완하고, 예측 가능한 모든 상황을 시뮬레이션하며, 팀워크를 다지고 마음을 정리했다. 긴 여행 끝에 도착한 낯선 도시, 그러나 이제 이들은 곧 세계 최고의 디베이터들과 맞붙는다. 모든 준비는 끝났고, 이제 무대에 오를 시간만이 남아 있었다.

6장. 덤벼라 토론아

데이비드-아키라 팀은 치열한 준비와 심사위원 성향 분석,
상대 전략 연구를 통해 토론 결승에서 승리하며
TOC 우승을 차지하다.

시합보다 치열하게

스포츠 선수들이 흔히 하는 말이 있다. **"연습을 실전처럼."** 이 말은 그만큼 연습이 혹독하다는 의미다. 실제 시합보다 그 준비 과정이 육체적으로나 정신적으로 훨씬 더 힘들다는 뜻이다. 나와 데이비드가 좋아하는 UFC 밴텀급 챔피언 메랍 드발리쉬빌리도 이렇게 말했다.

"평소 훈련에 비하면 5분 5라운드 시합은 아무것도 아니다."

실전보다 준비가 더 혹독했다는 뜻이다.

TOC 토론 대회도 마치 UFC와 같았다. 실제 토론보다 더 힘든 것은 다음 라운드를 준비하는, 그 짧은 틈이었다. 대회는 단 3일 만에 예선부터 결선 32강까지 모든 일정을 소화해야 했기에, 하루에도 여러 번 토론을 해야 했다. 각 라운드 사이에 약 두 시간 정도의 준비 시간이 주어졌는데, 데이비드는 이 시간이 오히려 가장 힘들었다고 했다. 해야 할 일은 많고, 시간은 늘 부족했기 때문이다.

〈대회 중간 토론 연구 중〉

그 짧은 시간 동안 데이비드-아키라 팀이 했던 일은 대략 다음과 같다.

우선, 팀의 전략을 복기했다. 전략은 가장 기초적인 부분부터 시작한다. 동전 던지기에서 이겼을 경우 찬성 측에 설 것인지, 반대 측에 설 것인지 결정해야 했다. 또한 선공할지 후공할지도 판단해야 했다. 후공이 일반적으로 유리했기 때문에 이 결정은 비교적 쉽게 이루어졌다. 상대의 주장을 들은 뒤 실시간으로 대응할 수 있기 때문이다. 실제로, 동전 던지기에서 이기고도 선공을 선택하는 팀이 있다면, 그 팀은 초보자일 가능성이 높다고 여겨질 정도였다.

더 중요한 문제는 **찬성 측에 설 것인지, 반대 측에 설 것인지 결정하는 일**이었다. 물론 대회 참가 전부터 일정한 입장 정리를 하고 대회에 임했지만, 첫 라운드가 끝난 뒤부터는 그때그때 전략을 재검토해야 했다.

예를 들어, '미국 연방 정부는 생체 인식 기술을 통한 개인 데이터 수집을 금지해야 하는가?'라는 주제가 주어졌을 때, 찬성과 반대 양측 모두의 논리를 검토해야 했다.

- 찬성 측은 프라이버시 침해를 근거로 금지를 주장할 수 있다.
- 반대 측은 생체 정보는 위조가 어렵기 때문에, 보안 측면에서 더 안전하다고 주장할 수 있다.

이후, 얼굴, 지문, 홍채 등 생체 정보가 해킹될 경우 그 피해가 일반 비밀번호보다 훨씬 크다는 점을 들어, 찬성 측이 좀 더 유리하다고 판단할 수 있다. 하지만 예측하지 못한 시각을 상대가 들고나올 수 있다. 예를 들어, 생체 인식 인증 기술이 신원 확인 절차를 간소화해 사회 전체의 효율성을 높이고, 궁극적으로는 막대한 경제적 효과를 가져온다는 주장이 나올 수도 있다. 만약 이런 논점을 놓쳤다면, 그 즉시 내부 토론을 다시 열어야 했다. 이른바 **토론을 위한 토론**이었다.

〈토론 대회 중〉

그런 이유로 매 라운드 사이마다 새로운 자료 조사가 필수였다. 찬성과 반대 어느 쪽이 더 유리한지를 결정하려면 양쪽 입장을 모두 깊이 있게 이해해야 했다. 예상하지 못한 관점에 관해서는 새롭게 조사해야 했고, 기존에 알고 있던 논점이라도 새로운 표현 방식이나 전개가 나온다면 그에 대한 대응 전략도 마련해야 했다. 실제 토론보다 준비 과정이 더 고되고 복잡할 수밖에 없었다.

그러나 이게 끝이 아니었다.

"또 준비할 게 있다고?"

"그럼요. 토론은 혼잣말이 아니잖아요. 상대도 있고, 청중도 고려해야 해요."

'적을 알고 나를 알면 백전불태'라는 말처럼, 스스로 철저히 준비하는 것도 중요하지만, **상대를 분석하는 일**도 매우 중요했다. 상대의 강점을 피하고, 약점을 파고드는 전략이 필요했다.

라운드가 거듭되면서 상대 팀의 특징이 하나둘 보이기 시작했다. 예를 들어, 어떤 팀은 동전 던지기에서 이긴 뒤 항상 찬성 측을 선택했고, 그럴 때마다 3:0으로 승리했다면 그 팀은 찬성 측에 강한 팀이었다. 이런 정보를 토대로, 만약 우리가 동전 던지기에서 이긴다면 우리가 찬성 측을 맡겠다는 전략을 세우기도 했다.

기억에 남는 장면 중 하나는, 학생들이 방과 방 사이를 분주히 뛰어다니던 모습이었다. 당시에는 단순히 각자의 사정 때문이라고 생각했다. 하지만 나중에 알고 보니, 모두가 상대에 대한 정보를 수집하느라 그렇게 뛰고 있었던 것이었다.

"그 팀 찬성했어, 반대했어?"

"주로 어떤 주장을 했어?"

"토론 스타일은 어때?"

이러한 정보는 의외로 중요했다. 데이비드-아키라 팀은 캐나다 대표로 참가했지만, 대회는 미국에서 열렸고, 대부분의 참가자는 미국 학생들이었다. 세계 각국의 챔피언들이 참가했지만, 미국 팀들끼리는 이미 알고 지내는 경우도 많았다. 마치 '홈팀' 같은 분위기였다. 예를 들어 뉴욕 주 챔피언과 워싱턴 주 챔피언이 서로 정보를 공유할 수도 있는 것이었다..

또 하나의 이유는, 기존에 여러 대회에서 맞붙어본 경험이 있는 챔피언들이 서로 친분을 쌓아온 경우였다. 그들은 서로의 실력을 알고 있었기에 신뢰할 수 있는 정보를 나누기도 했다. 경쟁자이지만 동시에 서로에게 도움이 되는 존재였다. 말 그대로, **선의의 경쟁**이었다.

허용된 룰 안에서, 할 수 있는 모든 수단을 동원하여 최선의 결과를 추구하는 모습. 때로는 실제 시합보다, 그 백스테이지의 열기가 더 뜨겁게 느껴졌다.

<결승에서 16승까지>

토론은 설득이다

우리 팀의 주장을 정리하고, 상대방을 분석했다고 해서 준비가 끝난 걸까? 아니다. 그다음으로는 **심사위원의 성향을 파악하는 작업**이 기다리고 있었다. 토론은 단순한 말싸움이 아니다. 상대방을 설득하고, 나아가 제3자, 곧 **청중**을 설득하는 것이다. 그리고 PF(Public Forum) 토론에서는 그 제3자가 바로 **심사위원**이다. 그래서 심사위원의 성향을 분석하는 일 역시 필수적이었다고 한다.

"심사위원 성향 분석?"

"네. 심사는 심사위원이 하잖아요. 그러니 심사위원이 어떤 성향인지 파악하는 게 무엇보다 중요해요."

"그걸 파악할 수 있어? 어떻게?"

데이비드의 설명에 따르면, 심사위원 성향 분석에는 여러 요소가 있지만 핵심은 **심사위원의 실력**을 가늠하는 것이다. TOC처럼 시합이 많고 규모가 큰 대회에서는 심사위원도 상당수가 필요하다. 한 시합에 3명의 심사위원이 배정되기 때문에 전체적으로 여러 명의 심사위원이 참여하게 된다. 그리고 이들 사이에는 미묘하지만 **실력의 차이**가 존재한다고 했다.

심사위원은 주로 학교 선생님이나 토론 학원의 강사들이었다. 그런데 소속 팀이 탈락하면, 그와 함께 온 심사위원도 대회장을 떠나는 경우가 많았다. 그래서 어떤 심사위원이 **어느 팀 소속인지, 이전 시합에서 어떤 판정을 내렸는지** 등을 통해 그 심사위원의 성향과 수준을 파악하는 것이 가능했다.

"위원님, 방금 저 학생의 주장. 제대로 이해한 거 맞아요?"

이렇게 직접적으로 물을 수는 없으니, 분석은 조심스럽고 신중하게 이루어져야 했다. 하지만 반드시 해야 하는 작업이었다.

우리의 전략을 점검하고, 상대 팀을 분석하고, 심사위원의 성향을 파악하는 것. 이 모든 과정을 단 **2시간** 안에 마쳐야 했다. 그리고 곧바로 다음 라운드에 투입됐다. 시합이 끝나면 다시 처음으로 돌아가 복기하고, 전략을 세우고, 자료를 모으고, 분석하고—그

야말로 숨 쉴 틈 없는 강행군이었다.

그러나 그 노력은 헛되지 않았다. 데이비드-아키라 팀은 예선 첫날 전승을 거두었고, 이후 두 번의 패배를 기록했지만 **무사히 결선 토너먼트에 진출**할 수 있었다.

4강에서 만난 크리틱 논증

결선 토너먼트에 진출한 순간, 데이비드는 '혹시 모른다'는 생각이 들었다고 했다. 아키라도 첫 결선 라운드에 진출하자 긴장감이 극도로 높아졌다고 했다. 추억을 만들기 위해 참가했던 대회였지만, 결선에 올라간 이상 두 사람의 승부욕에 불이 붙은 것이었다.

데이비드-아키라 팀은 주로 반대 측(opposition)에서 논변했다. 특히 예선 첫날 전승을 거둔 후부터는 상대 팀들이 그들의 강점을 분석하기 시작했고, 동전 던지기에서 이긴 팀들이 먼저 반대 측을 선택하는 경우가 많아졌다. 이는 데이비드-아키라 팀의 강점을 차단하기 위한 전략이었다. 결선 라운드에선 상대 팀들의 경험도 많고 실력도 뛰어나, 이런 심리전은 흔한 일이었다. 캐나다 챔피언인 데이비드-아키라 팀도 상대 전략에 맞춰 찬성 측에서 토론을 이어가야 했다.

데이비드에게 가장 인상 깊었던 순간은 4강전이었다.

"4강에서 만난 팀에 제일 당황했어요. 순간적으로 포기하고 싶은 마음마저 들었어요."

"그래? 얼마나 잘 했길래?"

"크리틱(Kritik) 논증을 폈거든요. 처음 접하는 방식이라 꽤 당황했어요."

"그 정도야? 대회 경험도 많고 우승도 많이 했잖아."

"네. 그런데 크리틱은 보통 PF 토론에서는 거의 안 쓰는 방식이거든요."

"그래? 크리틱 논증이 뭔데?"

크리틱 논증(Kritik argument)은 토론 논증의 기술 중 하나로 토론 주제에 주어진 전제나 배경, 이념 자체를 비판하는 방식이다. '이 토론의 전제 자체가 잘못된 것이 아닌가?'하는 방식이다.

정치권에서도 흔히 이런 논증 방식이 많이 사용되는데, 예를 들어, '대한민국 선거에서 부정선거는 있었는가?'라는 주제에 대해 '부정선거는 토론의 대상이 아니라 수사의 대상이다'라고 말하는 식이다. 혹은 '일본의 후쿠시마 원전 오염수 방류는 옳은가?'라는 질문에 '이건 찬반의 문제가 아니라 과학의 문제다'라고 답하는 것도 같은 맥락이다. 일상에서 자주 접할 수 있는 논증 방식이지만, 토론에서 기술적으로 등장하면 완전히 다른 충격으로 다가온다.

"상대방이 어떻게 논증했는데?"

"주제가 '미국 연방 정부는 생체 인식 기술을 통한 개인 데이터 수집을 금지해야 한다'잖아요. 이건 정부의 생체 인식 기술사용 자체가 문제라는 프레임을 설정하고 있어요. 그런데 유대인 억압 문제를 들고 오며 크리틱 논증해서 많이 당황했어요."

데이비드의 설명에 따르면, '미국 연방 정부는 생체 인식 기술을 통한 개인 데이터 수집을 금지해야 한다'는 주제는 국가 권력과 개인의 자유라는 정책의 문제로 인식되지만, 상대방이 유대인 억압 예시를 들며 토론의 프레임 자체를 바꿨다고 했다.

홀로코스트 당시 나치는 유대인을 식별하고 감시하기 위해 IBM 펀치카드 시스템을 도입했다. 펀치카드는 OMR 카드의 조상 격인데, 일정한 크기의 종이에 조사 항목인 나이나 성별 등에 맞게 구멍을 뚫는 것이다. 조사원들은 사람들의 펀치카드를 보고 그 사람이 어떤 사람인지 한눈에 확인할 수 있었고 빠르게 유대인들을 식별할 수 있었다.

데이비드의 상대방은 바로 이런 역사적 배경을 예시로 정부의 생체 인식 기술의 사용은 단순한 정책의 문제가 아닌 특정 인종이나 종교 집단을 감시하고 탄압하는 역사적 도구였다고 어필하며 역사적 맥락으로까지 논의를 확장한 것이었다.

데이비드-아키라 팀은 최선을 다해 준비했던 논증을 이어 나갔고 결과는 무승부였다고 했다. 데이비드-아키라 팀은 논증은 빈틈이 없었고 상대방의 크리틱 논증은 심사위원들에게 신선하면서도 강한 인상을 남겼다. 이런 경우에는 가중 논증(weighing argument)를 통해 최종 승부를 가린다고 한다.

"첫 연설에서는 무승부였어요."

"무승부? 그럼, 승패는 어떻게 따져? 동전 던지기?"

"아뇨. 두 번째 연설에서는 가중 논증(weighing argument) 방식으로 승부를 봐야 해요."

"가중 논증?"

가중 논증은 두 주장을 단순 비교하는 것이 아니라, 어느 쪽 주장이 더 중요하고 영향력 있는지를 따지는 방식이다

예컨대,

- 경제적 손실은 회복할 수 있지만 환경 파괴는 되돌릴 수 없다
- 환경 문제는 수십 년 뒤의 일이지만, 경제 위기는 당장 벌어질 일이다.

이처럼 해결 가능성, 발생 가능성, 긴급성 등을 기준으로 어느 주장이 더 '가중치'가 있는지를 비교하는 것이다.

상대 팀은 유대인 억압이라는 역사적 사례를 제시하며 크리틱 논증을 했지만, 그 영향이 지금 당장 얼마나 긴급하고 직접적인지에 대한 설득에는 실패했다. 첫 연설 내용을 반복하며 주장을 확장하지 못했던 것이다. 반면, 데이비드-아키라 팀은 이 틈을 파고

들어 가중 논증을 정교하게 펼쳤다.

그 순간, 데이비드는 승리를 직감했다고 했다.

그리고 그 직감은 정확했다. 데이비드-아키라 팀은 마침내 결승에 진출했다.

4강전은 한 끗 차이, 가장 아슬아슬했던 승부였다고 한다.

마지막 관문

결승에서 만난 상대는 운명의 팀이었다. 이미 예선에서 데이비드-아키라 팀을 꺾었던 바로 그 팀이었다. 다시 만난 자리, 결승. 데이비드와 아키라는 패배의 기억을 복기하며 철저히 준비에 임했다. 조셉 정 코치님의 피드백을 바탕으로 자료를 정리하고 논리를 다듬었으며, 특히 이번엔 심사위원들의 성향 분석에 공을 들였다.

"심사위원 분석?"

"네. 결승에서는 다른 8강이나 4강보다 심사위원 분석에 더 집중했어요."

"그래? 왜?"

6장 덤벼라 토론아 | 153

"상대 팀의 논증 자체는 그렇게 강하지 않았거든요. 그리고 탈락하고 돌아간 팀들을 분석해 보니, 이번 주제에 전문 지식이 있는 심사위원들도 함께 돌아갔더라고요. 그래서 결승에서는 논증의 완성도보다, 남아 있는 심사위원들에게 가장 잘 전달되는 방식의 연설을 준비했어요."

TOC 같은 대회에서는 매 라운드마다 수많은 심사위원이 필요하다. 그러나 소속팀이 탈락하면 대부분의 경우 심사위원도 함께 떠난다. 데이비드와 아키라는 이 점에 착안해, 이번 결승에 남아 있는 심사위원들의 배경지식을 분석했고, 그에 맞는 전략을 세운 것이다.

우선 데이비드-아키라 팀은 사례를 대폭 정리했다. 예컨대 4강에서 언급되었던 'IBM 펀치카드' 같은 사례는 배경지식을 요하는 내용이라, 일반 청중이나 심사위원에게는 오히려 혼란을 줄 수 있었다. 그래서 전문성이 필요한 사례는 배제하고, 직관적이고 쉬운 예시들로 구성했다. 또 사례의 수 자체를 과감히 줄였다. 다양한 사례는 풍부한 논거가 될 수 있지만, 과하면 오히려 논점이 흐려지고 핵심이 묻히기 때문이다. 대신 하나하나를 천천히, 명확하게 설명하는 방식으로 연설을 다듬었다.

그리고 대망의 결승전이 시작되었다. 상대 팀은 예선과 동일한

〈TOC 결승전〉

전략을 들고 나왔다. 충분히 그럴 만 했다. 이미 한 번 승리를 안겨준 전략이니 굳이 모험할 이유가 없었을 것이다. 하지만 그 전략이 바로 한계였다. 예선의 승리가 오히려 자만으로 이어졌고, 준비의 날카로움은 무뎌져 있었다.

반면 데이비드-아키라 팀은 완전히 달랐다. 예선의 패배는 치열한 각성의 계기가 되었고, 상대의 전략을 정밀하게 분석해 빈틈을 파고들었다. 논증보다는 '심사위원 맞춤형' 전달 방식에 집중했고, 빠르게 말하기보다는 천천히, 강하게 말하기보다는 부드럽고 설득력 있게 연설했다.

결과는—

우승: 데이비드-아키라 팀.

모든 준비와 노력, 집중과 분석이 빛을 발하는 순간이었다.

3일간의 정신없는 준비, 쉬는 시간에도 방마다 뛰며 정보를 모으고, 코치님의 조언을 흡수하려는 뜨거운 열정. 그 모든 시간이 보상받는 순간이었다.

TOC 세계 토론 대회 50년 역사상 최초의 외국인 우승자.

미국 전국 챔피언십에서 우승한 첫 캐나다 팀.

유학 준비도 없이 캐나다에 온 지, 만 6년만의 일이었다.

사람들은 이것을 '기적'이라 불렀다.

하지만 정작 데이비드는 담담했다. 물론 기뻐했지만, 데이비드는 결과보다 과정을 더 소중히 여겼다. 토론을 통해 얻은 배움과 성장, 그것이 데이비드의 진짜 보상이었다.

★
디베이트가 데이비드를 어떻게 성장시켰는가

첫째는 경청의 습관이다.

디베이트를 통해 데이비드가 얻은 가장 큰 성장 중 하나는 경청하는 습관이었다. 겉으로 보기엔 디베이트는 말로 하는 대결처럼 보인다. 큰 목소리, 과장된 몸짓, 때로는 유머까지—TV에서 자주 보던 모습이다. 하지만 그 이면에는 반드시 '경청'이 자리한다.

말을 잘하기 위해선, 먼저 상대의 말을 주의 깊게 듣고 그 의도를 정확히 파악하는 것이 필수다. 내 의견은 그다음이다. 경청하지 않으면 훌륭한 토론자가 될 수 없다.

토론의 능력은 일상에서도 큰 힘을 발휘한다. 상대의 의중을 읽어낸다면 내가 우위에 설 수도 있지만, 반대로 상대를 높여줄 수도 있다. 마치 의사가 사람을 살리는 법을 알지만, 동시에 죽이는 법도 아는 것처럼. 뛰어난 경청 능력은 상대를 논리적으로 무너뜨릴 수도 있지만, 상대의 마음을 따뜻하게 어루만질 수도 있다.

둘째는 사고의 확장이다.

디베이트는 데이비드의 사고의 틀을 넓혀주었다. 요즘은 유튜브, 인스타그램, 틱톡 등 SNS를 통해 다양한 콘텐츠를 쉽게 접할 수 있지만, 알고리즘의 특성상 사용자가 선호하는 분야에 갇히기 쉽다. 동물을 좋아하면 동물 영상만, 운동을 좋아하면 운동 영상만 보게 된다. 결국, 생각의 지평은 넓어지기보단 좁아지기 쉽다.

하지만 NSDA의 정통 디베이트는 달랐다. 매달 새로운 주제에 대해 찬반 양측을 깊이 있게 탐구해야 했고, 때로는 자신의 생각과 반대되는 입장에 서서 논리적으로 상대를 설득해야 했다. 이는 단순한 토론이 아니라, 사고를 훈련하는 일이었다. 그렇게 데이비드는 점차 다른 시선을 존중하는 태도, 편견 없는 사고방식을 갖게 되었다.

심지어는 토론을 준비하는 과정에서 반대 의견에 설득당해, 스스로의 생각이 틀렸다는 걸 인정하는 경험도 했다. 이 과정은 단순한 승리보다 훨씬 더 값진 자산이 되었다. 덤으로 미국과 캐나다 전역의 열정적이고 지적인 친구들과의 교류는 보너스였다.

*

우승 이후

우승 이후 데이비드는 한층 더 성숙해졌다.

데이비드는 단 두 달간의 짧은 준비 끝에 캐나다로 유학을 떠났다. 사실상 거의 준비 없이 시작한 유학생활이었다. 영어도 디베이트도 처음부터 다시 배워야 했다. 크고 작은 대회를 거치며 이기고, 또 지며 하나씩 성장했다.

중등부 시절, 고등부 대회에 도전하겠다고 했을 때 많은 어른들은 걱정했다. 그러나 데이비드는 그 도전을 이겨내 캐나다 챔피언이 되었고, 이후에는 멘토와 트레이너로서 후배 디베이터들을 지도했다. 그리고 마침내 캐나다 최초이자 외국인 최초로 TOC 세계 토론 대회에서 우승하며 세계 챔피언에 올랐다.

6년에 불과한 짧지만 치열했던 유학 생활을 돌아보며, 데이비드는 많은 것을 느끼고 되돌아보았다. 그리고 한층 더 깊어진 사람이 되었다.

고학년이 된 후, 데이비드는 초보 시절 자신을 이끌어주었던 선배들처럼 후배들을 돕겠다고 나섰다. 직접 경험을 통해 배운 지식과 태도를 후배들에게 전하며, 그들이 시행착오를 줄일 수 있도록 돕는 데 힘썼다.

또한 데이비드는 토론뿐 아니라 학업에도 집중했다. 고등학생 시기는 꿈을 위한 능력을 쌓는 시기라며, 지금 해야 할 일을 충실히 해두는 것이 미래를 위한 준비라고 말했다. 데이비드는 한국에서는 할 수 없지만 캐나다에서는 가능한 일들—공부, 운동, 다양한 체험들을 통해 꿈을 이룰 기반을 다지겠다고 다짐했다.

그리고—

2025년, 데이비드는 조지타운대학교에 합격했다.

7장. 이젠 대학으로

세계 디베이트 챔피언이 된 데이비드는 스포트라이트 속에서도

중심을 잃지 않고, 의사의 꿈을 안고

조지타운 대학교 Pre-Med 과정에 진학하다.

챔피언의 맛

"50년 역사상 최초의 한국인 챔피언, 더불어 미국 국적이 아닌 첫 외국인 챔피언."
"유학 6년 만에 영어 토론 대회 세계 제패."
"캐나다로 유학 간 한국인 소년, 미국을 이기다."

데이비드를 향한 수식어는 화려했다. 내가 아들의 기쁜 소식을 가족과 지인들에게 전했을 때, 오히려 나보다 더 기뻐하는 고마운 분들도 계셨다.

"야, 너 아들 정말 잘 키웠다."
"이번 모임 밥값은 너가 내야겠다."
"이런 건 신문에 나야 하는 거 아냐?"
"이거 영화로 만들어야지, 아니면 책으로 써!"

그리고 정말로 지역 신문에서 취재 요청이 들어왔고, 우승 트로피를 들고 환하게 웃고 있는 데이비드의 사진이 밴쿠버 지역 신문 한 면을 장식했다. 최초의 토론 챔피언 데이비드는 어떻게 공부했느냐는 인터뷰 요청이 왔고, 데이비드를 '전미 연설 토론협회 우승자'라고 불렀다.

<캐나다 지역 신문>

모든 것이 축제처럼 느껴지던 그 순간, 문득 손흥민 선수의 아버지 손웅정 감독의 말이 떠올랐다.

> "흥민이가 독일 1부 리그에서 데뷔골을 넣던 날, 저는 너무 두려웠어요.
> 한국 팬들의 열광적인 반응을 보며 혹시 이곳에 도취되지 않을까 하는 마음에 그날 흥민이의 노트북을 뺏어 제 방으로 가져갔죠.
> 부모로서 할 생각은 아니지만, 며칠쯤 흥민이가 망각증에 걸렸으면 좋겠다고 생각했어요.
> 수고했다고 안아주었지만, 속으로는 너무 무서웠습니다."

나도 모르게 멈칫했다. 혹시 나도 이 승리에 도취된 건 아닐까? 데이비드는 분명 놀라운 성과를 이뤄냈지만, 아직 고등학생에 불과했다. 쏟아지는 스포트라이트와 박수갈채가 아이에게는 지나친 무게가 아닐지, 어느 순간부터 마음 한구석이 불안해지기 시작했다. 물론 데이비드는 승리에 취해 자만하는 성격은 아니었지만, 그래도 조심스럽게 데이비드의 반응을 살펴보기로 했다.

"챔피언도 되고, 인터뷰도 하고… 이제 완전 스타네?"

그러자 데이비드는 오히려 당황한 듯 웃으며 말했다.

"네? 아니에요. 저는 그냥 평범한 학생인데… 사람들이 제 얘기를 듣고 싶어 한다는 게 아직도 신기해요."

"에이, 그래도 인터뷰도 하고 그러면 좋잖아?"

"음… 사실 그런 게 좋은 것 같기도 해요. 평범한 제가 누군가에게 영감이 될 수 있다는 거요.
제가 그랬듯, 또 다른 평범한 사람도 다른 누군가에게 잠재력을 이끌어주는 존재가 될 수 있다는 거니까요. 그래서 평범함 속에 특별함이 있고, 특별함 속에도 평범함이 있다는 말을 좋아해요."

'이 녀석, 많이 컸네...'

데이비드는 내가 생각했던 것보다 훨씬 성숙해져 있었다. 갑작스러운 유명세에 휘둘릴까 걱정했던 것이 무색할 정도로 데이비드는 차분하고 의연했다.

실제로 데이비드의 학교 공식 인스타그램 계정에는 데이비드의 우승 소식이 자랑스럽게 게시되었지만, 정작 본인의 인스타그램에는 아무런 게시물도 올라오지 않았다. 자기 자신을 드러내는 데에 연연하지 않는 모습에서 오히려 나는 더 큰 자부심을 느꼈다.

한 번은 데이비드에게 물은 적이 있다.

〈Yale Secondary 인스타에 올라온 모습〉

"챔피언까지 됐는데... 토론하길 잘했어?"

그때 데이비드가 한 대답이 인상 깊었다.

> "한번은 전국 랭킹 상위권 팀과 붙은 적이 있었어요. 그때 저랑 제 파트너는 완전히 속수무책이었죠. 그런데 그 라운드를 치르고 나니까, '이대로는 안 되겠다'는 생각이 들더라고요. 주장을 완전히 바꾸고, 논제에 대해 새롭게 접근해서 다음 라운드에서는 저희 팀이 꽤 잘했어요. 그때 느꼈어요. '패배'가 단순한 결과가 아니라, 더 나은 전략을 위한 과정일 수 있다는 걸요."

또한 데이비드는 토론을 하면서 세상을 바라보는 시선과 사고방식 자체가 완전히 바뀌었다고 말했다. 토론에서 이기려면 찬성과 반대 양쪽의 주장을 모두 이해해야 하다 보니, 자연스럽게 상대편 입장도 경청하게 되었고, 동시에 '왜?'라고 묻는 습관도 생겼다고 한다.

어떤 주장이든 비판 없이 받아들이는 것이 아니라, 그 주장의 근거가 타당한지, 그리고 그 근거를 올바르게 해석했는지 끊임없이 되묻게 되었다는 것이다.

그런 훈련을 거친 덕분에 이제는 누군가의 말을 들었을 때, 그것이 한쪽으로 치우친 주장인지 아닌지를 구분할 수 있는 눈이 생겼고, 그 덕분에 언제나 스스로 중심을 잡을 수 있게 되었다고 했다.

대학에서 더욱 빛나는 토론

 토론은 데이비드의 내면을 성숙하게 만든 것에 그치지 않고, 데이비드의 주변 환경까지 바꾸어 놓았다. 챔피언이 된 이후 데이비드는 학교 인스타그램에 소개되며 이미 '스타'로 떠올랐다. 데이비드와 직접적인 접점이 없던 선생님들조차도 '토론 잘하는 학생'으로 데이비드를 인식했다.

 데이비드의 말에 따르면, 선생님들은 '세계 챔피언의 발표'를 듣기 위해 데이비드를 발표자로 종종 지목했고, 데이비드는 그럴 때마다 자신감 있게 발표에 임했다. 선생님들과 학우들은 데이비드의 스피치를 모두 좋아했고, 어떤 선생님은 발표를 들은 뒤 '너는 목소리가 참 좋아. 유튜버 해도 되겠어'라는 칭찬까지 건넸다고 한다. 내가 어릴 적에는 '꾀꼬리 같다'거나 '아나운서 같다'는 말을 많이 들었는데, 요즘 세대에겐 '유튜버 같다'는 말이 최고의 칭찬이 된 셈이다.

한국 나이로 고3이 된 데이비드는 본격적으로 대학 진학을 준비하기 시작했다. 대회에 참가할 시간은 부족했지만, 데이비드는 여전히 토론을 좋아했고, 후배 디베이터들을 도와주거나 심사위원으로 활동하면서 토론 커뮤니티에 계속해서 참여했다.

그런 데이비드를 보며 문득 궁금해졌다. 어릴 적부터 의사를 꿈꿨던 데이비드가 혹시 진로를 바꾸었을까? 토론 주제는 주로 인문학, 정치, 국제 문제와 관련된 것이 많았기 때문이다. 하지만 데이비드는 여전히 이공계 진학, 정확히는 의학 분야로 나아가고 싶다고 했다.

데이비드가 진지하게 고민했던 대학은 토론토대학교를 비롯해 미국의 UC Berkeley, UCLA, Stanford, 그리고 Georgetown 대학교였다.

스탠퍼드는 데이비드가 토론 대회 참가차 두 번이나 방문했던 곳이다. 붉은 지붕 건물들이 인상 깊었고, 따뜻한 캘리포니아의 날씨와 아름다운 캠퍼스는 자연스럽게 '이상적인 대학 생활'을 연상시켰다. 세계 최고의 명문대답게, 스탠퍼드는 누구에게나 꿈의 학교였고 데이비드도 예외는 아니었다.

UCLA 역시 강력한 후보였다. 고2 여름방학 동안 데이비드는 UCLA 치대의 병리학 실험실에서 암세포 연구 인턴으로 활동한 적이 있었는데, 그 경험이 아주 좋았다고 했다. 데이비드는 최첨단 장비들을 직접 다루며 연구를 보조했는데, 가장 인상 깊었던 장비는 정밀 스포이트였다. 내가 어릴 적 사용하던 단순한 고무 스포이트와 달리, UCLA에서는 1ml까지 정밀하게 조절 가능한 장비를 사용했다고 한다. 의사를 꿈꾸는 데이비드에게는 매우 귀중한 경험이었고, UCLA에 대한 좋은 기억으로 남았다.

UCLA의 또 다른 매력은 끈끈한 네트워크였다. 100년이 넘는 역사를 자랑하는 UCLA는 미국 최대 규모의 대학 중 하나로 125개 이상의 학부 전공, 150개 이상의 대학원 프로그램이 있다. 인턴십 기간 동안 데이비드는 교수와 대학원생들 사이의 끈끈한 유대

〈UCLA 치과대학 인턴〉

감을 직접 목격했고, 그 점도 데이비드를 사로잡았다.

그런 데이비드에게 또 다른 매력적인 선택지는 조지타운 대학교였다. 데이비드는 오래전 조지타운 주최 온라인 토론 대회에 참가한 적이 있었고, 그 경험 덕분에 학교에 대해 친근감을 가지고 있었다. 조지타운은 워싱턴 D.C.에 위치해 있으며, 미국 정계의 거물들을 다수 배출한 학교다. 빌 클린턴 대통령, 에릭과 이방카 트럼프, 스티븐 배넌 등 수많은 인물이 이 학교 출신이다. 정치학과 법학 분야에서는 미국 최고 수준이며, 데이비드는 그곳의 정치 활동, 모의재판, 토론 동아리에 큰 흥미를 느꼈다. 학생 수가 적어 교수와 학생 간 유대감이 깊은 점도 매력적으로 다가왔다.

나는 고민하는 데이비드에게 물었다.

"스탠퍼드가 가장 명문대잖아?"

"그렇죠. 간판만 보면요. 그런데 망설여져요."

"왜?"

"대학은 제가 성인이 된 후 처음 마주하는 사회잖아요. 제 미래를 스스로 선택하고, 책임지고, 개척할 수 있는 첫 출발점

인데, 단지 '가장 좋은 대학이니까'라는 이유만으로 선택하는 게 옳은 걸까 싶어요."

"그럼 넌 어떻게 하고 싶은데?"

"저는 다양한 경험을 하고 싶어요. 조지타운에는 수백 개의 동아리가 있고, 여러 커리어를 탐색해볼 수 있는 기회도 많다고 하더라고요. 미국의 수도라는 입지도 큰 장점이고요. 그런 다양한 노출이 제가 진짜 원하는 걸 찾는 데 도움이 될 것 같아요."

"그럼 조지타운 가는 게 낫겠네?"

"네. 그런데 어릴 적 꿈이 의사였잖아요. 조지타운은 인문계에 강해서… 그게 조금 고민돼요."

데이비드의 말을 들으며 문득 우리가 캐나다 유학을 결심했던 그날이 떠올랐다. 초등학생 의대반까지 운영되는 기형적인 대한민국 교육 현실. 성적과 간판이 꿈과 진로보다 우선인 사회. 그 속에서 길을 잃은 수많은 청년들을 보며, 우리는 더 나은 환경을 찾아 캐나다로 왔었다. 그리고 지금, 자기 미래를 스스로 설계하고 고민하는 데이비드를 보며, 그 선택이 옳았다는 확신이 들었다.

잘 자라준 아이들과, 지구 반대편에서 묵묵히 헌신해준 아내에게 깊이 감사했다.

그런 어느 날, 데이비드 앞으로 한 통의 메일이 도착했다. 놀랍게도 조지타운 대학 총장이 직접 서명한, 단체 발송이 아닌 오직 데이비드 한 사람에게만 보낸 메일이었다. 내용을 아무리 읽어봐도 그랬다. 데이비드의 토론이 무척 인상 깊었다는 소감이 적혀있었다. 또한 조지타운 필로데믹[1] 디베이트 소사이어티(Georgetown Philodemic Debate Society)와 조지타운 디베이트 팀(Georgetown Debate Team)은 총 4번이나 미국 챔피언을 했으며 미국 대학 최고의 프로그램 다섯 손가락 안에 들어간다며, 조지타운 대학에 온다면 데이비드의 재능을 더욱 살릴 수 있을 것이라는 내용이었다.

나는 데이비드에게 이게 어떻게 된 일이냐고 물었다. 데이비드는 조지타운 오픈 하우스[2]에서 토론 동아리 선배들과 이야기를 나눴다고 했다. 당시 선배들은 신입생 모집을 위해 활발히 홍보 중이었고, 데이비드도 그 대상 중 하나였다. 우연히 '저 TOC 챔피언이에요'라고 말하자 선배들의 눈이 휘둥그레졌다고 한다. 조지타운 토론팀은 전통의 강자였지만 최근 성적이 주춤한 상태였고, 그

---

1) 필로데믹(Philodemic)은 고유명사로, 1830년에 설립된 미국에서 가장 오래된 대학 토론 클럽인 조지타운 대학교의 토론 동아리 Philodemic Society를 뜻합니다. 고대 그리스어에서 유래된 말로, Philo-는 사랑을, -demic은 민중을 뜻하며, '민중을 사랑하는' 혹은 '대중 담론을 중시하는'이라는 의미를 담고 있습니다.
2) 학교가 학부모 및 학생들에게 학교의 시설과 프로그램을 소개하기 위해 열리는 행사.

런 와중에 세계 챔피언을 만났으니 당연히 관심이 쏠릴 수밖에 없었다. 선배들은 '학교에 오면 다양한 기회를 줄 테니 꼭 우리 팀에 들어와 달라'고 말했다고 한다.

그 후, 총장의 친필 서명이 담긴 메일까지 도착한 것이니, 정말로 동아리에서 총장을 조른 게 아닐까 싶을 정도였다. 세계에서 가장 오래된 토론 클럽, 미국 최고의 정치학·법학 교육기관에서 '세계 토론 챔피언'에게 직접 손을 내민 모습은 감격스럽기까지 했다. 데이비드 역시 큰 감동을 받았다고 했다.

<조지타운 대학 총장님의 편지>

고민 끝에 데이비드는 조지타운 대학교 생화학과 Pre-Med 트랙 진학을 결정했다. 세계에서 가장 정통한 토론 클럽, 따뜻하게 환영해주는 동료들, 총장의 특별한 배려까지. 토론을 좋아하는 데이비드에게 조지타운은 더없이 좋은 선택이었다.

무엇보다 워싱턴 D.C.라는 도시가 가진 네트워크도 큰 장점이었다. 수많은 정치인, 대법관, 정책 전문가들이 모인 도시에서의 대학 생활은 데이비드의 시야를 넓혀 줄 것이 분명했다.

그럼에도 불구하고 마지막까지 데이비드를 고민하게 한 것은 바로 전공의 '결'이었다. 데이비드의 목표는 의사였고, 조지타운은 인문계 중심의 명문대였다. 그러나 다행히 그 간극을 메워 줄 훌륭한 제도가 있었으니, 바로 Pre-Med 트랙이었다.

이 제도는 미국 의대 입학시험(MCAT)을 면제받을 수 있는 길이다. 2학년까지의 성적이 우수하면 학교의 재량으로 의대 진학이 보장되어서 3, 4학년은 비교적 여유 있게 자기개발에 집중할 수 있다. 데이비드에겐 매우 매력적인 제도였다.

뿐만 아니라 최근 조지타운 의과대학은 1조 5천억 원 규모의 대규모 투자를 발표했다. 임상 환경을 획기적으로 개선하고 첨단 연구를 확대하겠다는 계획이었다. 의사가 되기까지 앞으로도 4~5년이 남은 만큼, 데이비드는 현재보다 미래의 가능성에 가치를 두기로 결정했다.

새로운 길, 그러나 한국에는 없는

데이비드에게 토론은 하나의 길이 되었고, 앞으로도 그럴 것이다.

한국에서 흔한 영어 학원도 다니지 않다가 무작정 캐나다에 유학을 왔던 데이비드는 토론을 통해 영어를 배웠다. 또, 타고난 승부욕을 노력으로 승화하는 방법도 배웠다. 상대방의 말에 귀 기울이는 경청의 태도, 수많은 주장과 정보가 넘쳐나는 이 시대에 흔들리지 않는 '나'를 지키는 법도 배웠다. 무엇보다도, 실패는 끝이 아니라 성공을 향한 과정임을 깨달았다.

데이비드가 토론 챔피언이 되었을 때, 선생님들과 친구들은 아낌없는 축하를 보냈고 지역 신문에서 취재까지 나왔다. 하지만 데이비드가 진심으로 환하게 웃었던 순간은 따로 있었다. 세계 최고의 대학 토론 클럽이 먼저 손을 내밀어 왔을 때였다. 세계적 정치인들과 법조인들을 배출한 대학의 총장이, 직접 서명까지 담아 러브레터처럼 메일을 보냈을 때였다. 그날, 데이비드는 정말 크게 웃었다.

그 모습을 바라보며 나는 문득 생각에 잠겼다. 만약 우리가 한국에 머물렀더라면, 과연 이런 순간이 가능했을까? 과연 데이비드가 토론을 통해 배운 그 모든 것을 얻을 수 있었을까?

아마도 아니었을 것이다. 우리가 익숙했던 그 교육 현실 속에서는, 이런 순간도, 이런 배움도, 데이비드의 성장을 위한 토양도 없었을 것이다. 그렇게 결론이 난다.

토론은 데이비드에게 단지 말싸움의 기술이 아니라, 인생을 살아가는 새로운 방식이었다. 그리고 앞으로 미지의 세계를 향해 나아갈 그의 여정에, 든든한 다리이자 평생의 무기가 되어줄 것이다.

〈드럼헬러에서의 가족 사진〉

캐나다에서

1장. 한국 학생은 안 해도
     아이비리그 학생은 밤새 매달리는 토론
2장. 토론으로 달라진 삶
3장. 성장의 뿌리, 승부욕
4장. 데이비드의 생활 계획표 들여다보기
5장. 유학의 모든 것

1장. 한국 학생은 안 해도 아이비리그 학생은 밤새 매달리는 토론

입시 공부에 직접적이지 않아 보여도,
토론은 학습 능력·분석력·자존감·진학률을 향상시키는
강력한 공부 도구다.

데이비드가 세계학생토론대회에서 세계 챔피언이 되었다는 소식에, 주변 사람들은 모두 놀라며 축하해 주었다. 50년 역사상 최초의 외국인 우승자였으니 놀라움이 당연했다. 하지만 그 놀라움 뒤에는 늘 따라오는 질문이 있었다.

"근데 그거 공부에 도움은 돼?"

여기서 말하는 '공부'는 아주 좁은 의미의 '대한민국 입시 공부'를 뜻한다. 나는 단언한다.

"응. 그것도 아주 많이."

지인들의 질문이 씁쓸하면서도 너무나 이해되었다. 왜냐하면 대한민국의 학교, 학원, 교육부 등 모든 교육 기관은 오로지 '입시 공부'를 공부의 유일한 목표로 삼고 있기 때문이다. 교육계 종사자들은 아니라고 부인할 수 있지만, 최근에는 한국 교육 현실을 고발하는 기사들이 잇따라 보도되고 있다.

> 지난달 한 학부모 김모(47)씨는 새 학기에 초등학교 6학년이 되는 딸을 위해 수학 학원을 찾다가 '의대반'이 있다는 사실에 깜짝 놀랐다. 서울 대치동의 한 학원에서는 초6 커리큘럼이 '의대반', 'SKY반(서울대·고려대·연세대)', 그리고 '일반반'으로 나뉘어 있었다. 김씨가 "아이를 의대에 보내고 싶다"고 하자, 학원 관계자는 "너무 늦었다"며 "요즘은 최소 초등 4학년부터 준비해야 한다"고 말했다. 초6 커리큘럼은 중학교 1~2학년 과정을 여러 번 공부하고 중3 기본 개념까지 익힌 학생들이 들어갈 수 있다는 것이었다. 결국 김씨의 딸은 초6 수학을 조금 예습한 정도라 '일반반' 판정을 받았다.
>
> *(2023.02.18. 조선일보)*

초등학생 때부터 의대반을 목표로 공부한다니, 과장된 이야기 같지만 안타깝게도 현실이다. 2024년 3월 14일 방송된 '김이나의 비인칭시점'에서도 비슷한 내용이 보도되었다.

대치동 한 학원은 '초등 의대반'을 운영하고 있었다. 모든 수업은 영어로 진행되었고, 수학 시간에도 영어로 수업했다. 그 반에서 가장 어린 학생은 초등학교 1학년이었는데, 키가 작아 의자에 앉으면 발이 땅에 닿지 않을 정도였다. 제작진이 1학년 학생에게 '꿈이 의사냐?'라고 묻자, 그 아이는 '아니요, 아직 꿈을 정하지 못했다'고 답했다. 보통 초등학교 1학년 아이들이 아는 직업이 얼마나 될까? 남자 아이는 티라노사우루스, 여자 아이는 세일러문 같은 꿈을 꾸는 나이 아닌가?

이런 현실에서 토론이 '입시 공부'에 도움이 되냐고 묻는 것은 너무 당연한 질문이다. 다시 한 번 말하지만, 토론은 무조건 도움이 된다.

'토론이 공부에 도움이 되는가?'를 더 확장해 '토론이 학습 능력 향상에 도움이 되는가?'라는 질문에 대해, 북미의 많은 교육 전문가들도 궁금해했다. 그리고 실제로 토론이 학습 능력 향상에 얼마나 효과적인지 연구했다. 그 결과는 놀라웠다.

미국 방송국 CBS의 <60 Minutes>는 미국의 대표적인 탐사보도 프로그램이다. 우리나라의 <그것이 알고싶다>, <PD수첩>과 비슷하지만, <60 Minutes>는 1968년에 첫 방송을 시작해 지금까지 방송 중인 훨씬 유서 깊은 프로그램이다. <60 Minutes>의 결론은 아래와 같다.

토론은 읽기, 자료 조사, 연구 그리고 쓰기를 총망라하는 기술이다. 물론 다른 모든 학문 분야에서의 성공에 매우 큰 영향을 미친다. 토론의 상호작용적 성격으로 학습자는 자신이 배운 것을 자신의 것으로 만들 수 있다. 토론의 경쟁구도적 성격은 학습자들이 스스로를 개선시키려는 열정을 갖게 만든다. 스포츠 프로그램을 통해 장학생으로 대학에 입학한 학생을 모두 합친 것보다, 토론 활동을 통해 장학생으로 대학에 입학한 학생이 더 많았다.

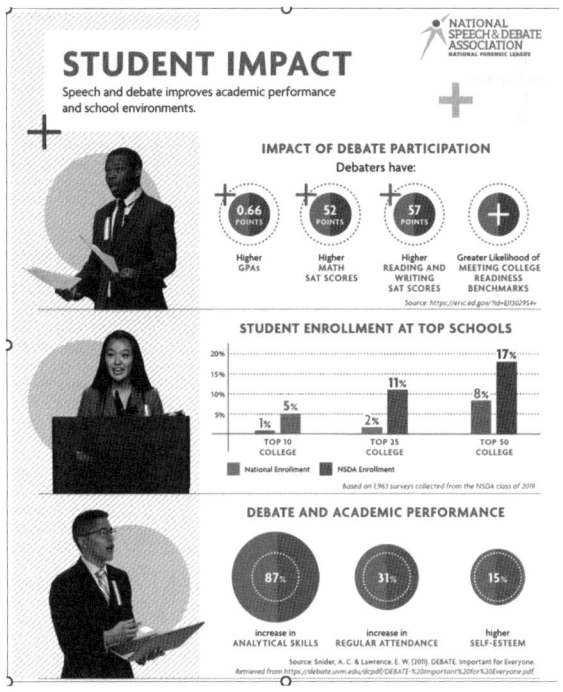

STUDENT IMPACT

내신 성적의 평균 학점과 SAT(미국 수능)에서 토론 학습 혹은 토론 훈련을 받은 학생들은 그렇지 않은 학생들보다 모두 우수한 성적을 냈다. 내신 학점은 0.66점 높았고, SAT에서는 수학 52점, 논술 57점이 더 나왔다.

최상위권 대학에 진학하는 학생들의 비율을 보더라도, 토론 학습을 한 학생들의 진학률이 그렇지 않은 학생들보다 훨씬 높았다. 아마 캐나다에서 수능 성적이나 내신 성적, 그리고 상위권 대학 진학률을 조사했다면, 토론 학습을 한 학생과 하지 않은 학생 간의 간격은 훨씬 컸을 것이다. 캐나다에서 대학에 진학하는 학생들은 정말 공부를 좋아해서 대학에 진학하는 것이기 때문에, 공부에 관심 있고 좋은 성적을 바라는 친구들 중 상당수가 토론 수업을 듣고 토론을 학습하기 때문이다.

또한 분석적 사고 능력에서도 토론을 학습한 학생들이 그렇지 않은 학생들보다 87%나 향상된 모습을 보였다. 인터넷은 '정보의 바다'로 불린다. 그만큼 많은 정보가 있다는 뜻이다. 문제는 왜곡되거나 잘못된 정보도 많다는 것이다. 그래서 요즘 아이들에게는 정보를 수집하는 능력만큼이나 정보를 선별하는 능력이 중요하다. 그렇지 않으면 가짜뉴스나 잘못되고 왜곡된 정보에 빠질 수 있기 때문이다. 토론을 학습한 학생들은 분석적 사고 능력이 우수해 이런 위험으로부터 안전하다고 할 수 있다.

마지막으로 토론을 학습한 학생들의 자존감이 그렇지 않은 학생들보다 15%나 높았다. 데이비드의 사례에서도 나타나듯, 토론을 배우면 말을 논리적으로 하면서 동시에 청중을 설득하는 능력이 길러진다. 자신감 있게 자신의 의견을 명확히 표현하는 사람은 언제나 환영받는다. 자연스럽게 주체적이고 능동적인 태도를 갖게 되고, 자존감도 향상된다.

그렇다고 5살부터 토론에 매달릴 필요는 없다. 어떤 경우든 간에, 토론 학습은 이르면 초등학교 5학년, 늦어도 중학교 2학년의 나이에 시작하는 것이 좋다고 한다. 토론 학습의 출발은 자료 검색에서부터 시작되기 때문이다. 자료를 검색하는 것부터 시작해 스스로 학습하는 방법을 익히고, 그 후 토론 대회에 참가하며 실전 경험을 쌓는다. 이 과정은 몇 년에 걸쳐 서서히 효과가 나타난다.

따라서 당장 결과를 바라고 중간고사 성적이 안 나오면 기말고사 성적을 위해 학원을 옮기는 불같은 한국 교육 환경에서는 시도하기 쉽지 않은 교육이기도 하다.

하지만 남들은 시도하지 않기에 시도해볼 가치가 충분하다. 공부의 본질적인 목적은 문제 해결 능력을 키우는 것이다. 토론 학습은 문제를 해결할 자료를 스스로 찾고, 연구하며, 상대방을 설득하는 문제해결의 전 과정을 포함한다.

버락 오바마 전 미국 대통령, 제이크 설리번 현 백악관 안보보좌관, 테드 크루즈 미국 상원의원 등 수많은 성공 인사들이 토론을 강력히 추천하는 이유도 여기에 있다. 이렇게 길러진 문제 해결 능력은 평생의 자산이 되어, 훗날 어떤 일을 하든 꼭 필요한 탄탄한 기본이 되어준다.

토론, 꼭 하시라.

2장. 토론으로 달라진 삶

영어가 서툴렀던 아이들이 캐나다에 단기간에 유학했지만,
한국어 만화책으로 모국어를 지키고 토론 수업을 통해
영어 실력과 자신감을 키워 성공적으로 적응하다.

캐나다 유학은 단 두 달 만에 이루어졌다. 보통 유학 준비 기간은 1년쯤, 짧으면 6개월 정도 걸리는 것이 보통인데, 우리는 그 절반도 채 준비하지 못했다. 유학 자금을 마련하고, 현지에서 머물 집을 구하는 일은 어른들이 해야 할 몫이었다. 아이들은 그동안 현지어, 보통은 영어를 배우며 유학 준비를 하는 것이 일반적이었다. 그러나 우리 아이들은 그러한 준비 없이, 영어도 제대로 못 하는 상태로 캐나다 땅을 밟았다. 그때 큰아들 인규는 초등학교 4학년, 막내 인성이는 1학년이었다. 인성이는 화장실 가고 싶다는 말조차 제대로 하지 못해 실수를 할 정도였으니, 얼마나 준비가 부족했는지 독자 여러분도 쉽게 상상할 수 있을 것이다.

영어를 잘해야 한다는 걱정만큼이나 절실했던 것은 모국어를 잊지 않게 하는 일이었다. '0개 국어 한다'는 유학 실패 학생들을 두고 하는 우스갯소리가 있었다. 미국 뉴스를 보고 무슨 말인지 모를 뿐 아니라, 한국 뉴스를 봐도 무슨 소리인지 알지 못한다는 의미였다. 특히 둘째 인성이가 더 걱정스러웠다. 한국에서 겨우 한 학기 유치원을 다닌 채 캐나다에 온 터라, 데이비드의 한국어 실력은 유치원생 수준에 머물러 있었다. 그래서 아이들이 영어 공부에 지칠 때면 한국어 책을 읽도록 권했다. 다행히도 한국에는 재미있는 책들이 많았다.

나는 유학 초기에 한국과 캐나다를 오갔다. 한국을 떠나 캐나다로 갈 때면 아이들에게 필요한 것이 있는지 꼭 물었다. 그럴 때면 아이들은 늘 한국어로 된 책을 사 달라고 했다.

"아빠 곧 캐나다 갈 건데 혹시 필요한 거 있어?"

"저 책사주세요. Why책이요."

"그래. 더 필요한 건 없니?"

"아, 그리고 무인도에서 살아남기 3, 4, 5권도 사 주세요. 1, 2권은 이미 다 읽었어요."

그 책들은 주로 한글로 된 과학 상식 만화책이었다. 만화여서 아이들이 재미있게 읽을 수 있었다. 무겁고 부피가 큰 책을 한 번에 20여 권씩 가져갔지만, 아이들은 일주일 만에 다 읽었다. 그리고는 언제나 이렇게 말했다.

"아빠 다 읽었어요. 다음에 오실 때 또 다음 권 나오면 사다 주세요!"

덕분에 한글로 된 책이 즐거움이 되어 모국어를 잊지 않을 수 있었다.

한국어는 만화책으로 공부했지만, 영어 공부는 토론을 통해 이루어졌다. 하지만 내가 과거에 하던 두꺼운 영어사전을 달달 외우는 방식은 아니었다. 토론은 매번 주제가 바뀌었고, 한 달의 시간이 주어졌다. 그 기간 동안 아이들은 스스로 양질의 자료를 찾아 정보를 정리해야 했다. 수많은 영어 기사와 책, 사설을 읽으며 자연스럽게 영어 실력이 늘었다. 한국 아이들이 한국어를 독서와 대화로 배우듯, 인규도 영어를 독서와 대화, 토론을 통해 익혔다.

둘째 인성이는 학교 생활에 대해 말을 잘 하지 않았다. 그래서 학기 초와 말에 선생님을 찾아뵈며 학교생활과 친구 관계를 꼼꼼히 살폈다. 인성이는 집에서 쉴 때면 한국어 과학 만화책 읽기를 즐겼다. 그런 가운데 인규가 토론을 하며 영어 실력과 학습 능력이 나아지는 모습을 보자, 인성도 조금 늦었지만 인규가 다니던 학원(BC Forensic League)에 등록했다. 토론을 통해 공부 방법을 배우고, 어휘력과 발표력을 키울 수 있으리라 기대했기 때문이다.

한번은 학교 선생님과 상담할 기회가 있었다. 선생님은 인성이가 학교에서 가장 인기 있는 학생 중 한 명이라고 했다. 수업 시간에 적극적으로 발표하고, 과학 상식도 많이 알고 있어 친구들에게 흥미로운 이야기를 들려주며 수업 분위기를 살린다고 말했다. 인성이도 토론 수업에서 자신감을 키우며, 남들 앞에서 당당하게 말하는 법을 배우고 있었다. 그것만으로도 토론 수업을 시작하길 참 잘했다는 생각이 들었다.

3장. 성장의 뿌리, 승부욕

인규는 타고난 도전 정신과 승부 기질을 바탕으로
스스로 목표를 세워 끊임없이 성장하며,
다양한 경험을 통해 자신을 이해하고 발전해 나가다.

인규가 토론 실력을 빠르게 발전시킬 수 있었던 데에는 여러 이유가 있었지만, 그중에서도 무엇보다 인규의 도전 정신이 큰 역할을 했다. 인규는 배울 기회가 있다면 패배를 두려워하지 않았다. 스포츠에서 거친 몸싸움을 하며 때로는 피를 흘리지만, 시합이 끝나면 선수들은 웃으며 악수하고 서로를 존중한다. 인규는 토론이라는 무대 위에서 그런 혈투를 즐기고 있었다.

나중에 인규에게 물어보니, 그런 혈투에는 꼭 상대가 필요한 것이 아니었다. 인규의 진짜 상대는 바로 자기 자신이었다. 다소 진부한 표현일 수 있으나, 사실 그랬다. 인규는 자신보다 더 잘한다고 느끼는 누군가가 있으면, 그 사람을 이기는 대신 그보다 더 좋은 성과를 내는 것을 목표로 삼았다. 꼭 그 사람과 직접 대결하지 않아도 상관없었다. 중요한 것은 스스로 설정한 목표를 달성하는 것이었고, 그 목표를 이루었을 때 느끼는 말로 다 할 수 없는 쾌감이 데이비드를 끊임없이 자신과의 혈투에 뛰어들게 했다.

데이비드는 얼마나 열심히 노력했는지, 좋아하던 한국어 만화책마저도 멀리한 채 목표를 위해 매진했다. 이는 단순한 싸움이 아닌, 자신과의 치열한 혈투임이 분명했다.

이러한 도전 정신과 승부 기질은 토론을 통해 길러졌다기보다는, 인규가 타고난 성품을 토론이 자극하고 깨워준 결과라 보는 것이 더 맞다.

어린 시절 이야기다. 인규의 어머니는 효창동 만리현 성결교회에서 10년 넘게 대예배 반주를 맡고 있었다. 예배가 끝나면 성가대실에 모여 다음 주 연주할 찬송가와 성가곡을 연습했다. 결혼 후 내가 성가대 총무를 맡으면서 늘 연습에 함께 했는데, 그 자리에는 종종 인규도 함께였다.

성가대나 합창 연습은 소프라노, 알토, 테너, 베이스가 차례로 각 파트를 익히고, 전 곡을 여러 차례 반복해 맞추는 작업이다. 어느 날, 지휘자 선생님이 장난스럽게 유치원생인 인규에게 '가장 어린 성가대원으로서 노래를 해보라'고 했지만, 인규는 매번 노래 대신 웃음만 보였다.

그러던 어느 날, 연습곡 '목마른 사슴' 연습 중 인규가 혼자 흥얼거리며 노래를 따라 부르고 있었다. 연습이 끝난 후, 지휘자 선

선생님이 인규를 불러 말했다.

"인규야, 아까 노래 연습하던데 한번 불러볼래?"

평소처럼 웃기만 하던 인규가 그날은 조용히 노래를 시작했다.

"네. 목마른 사슴 시냇물을 찾아 헤매듯이 내 영혼 주를 찾기에 갈급하나이다. 주님만이 나의 힘 나의 방패 나의 참소망 나의 몸 정성 다바쳐서 주님 경배 합니다. 헤헤헤"

지휘자 선생님을 포함해 모든 성가대원들이 깜짝 놀랐다. 노래를 안 부르던 아이가 노래를 부른 것도 놀라웠지만, 첫 소절 정도를 부르거나 흥얼거릴 줄 알았는데 처음부터 1절 끝까지 다 부르는 것이었다. 성가대원들이 연습하는 동안 인규도 혼자 노래를 따라 하며 결국 1절을 다 외운 것이다. 그리고 스스로 완벽하다고 생각했을 때 우리에게 노래를 들려준 것이었다.

목표를 정한 뒤 스스로 그 목표를 이루기 위해 노력하는 승부 기질은 어려서부터 보였다. 그리고 유학에서 만난 토론이 승부 기질을 자극한 것이다.

언제부터인지 모르겠지만 인규도 자기 자신의 승부 기질을 발견했고 그것을 이용하는 것 같았다. 인규는 자기가 좋아하는 일은 재미있게 열심히 한다고 했다. 하지만 재미가 없는데 열심히 해야 하는 일에는 일부러 스스로 목표를 세운다고 말했다. 그리고 그 목표를 달성하는 것을 도전 과제로 삼아 열심히 한다고 했다.

처음부터 그랬던 것은 아니었다. 공부든 운동이든, 인규는 자신이 속한 그룹에서 가장 잘하는 사람이 되면 만족하는 경향이 있었다. 그래서 일정 수준에 이르면, 인규보다 더 잘하는 사람이 많은 높은 환경으로 올라갈 기회를 만들어 주는 것이 중요했다.

하지만 어느 순간부터 스스로 목표를 정하고 도전하기 시작했다. 자신을 잘 이해하고, 타고난 승부 본능을 적극 활용한 것이다.

반면, 많은 한국 아이들은 자신이 어떤 사람인지 제대로 알지 못하는 경우가 훨씬 많다. 아마 인규는 여러 경험을 통해 '내가 무엇을 좋아하고 싫어하는지'를 발견할 기회를 가졌지만, 한국 아이들은 학원에만 매여 다양한 경험을 쌓지 못한 점이 가장 큰 차이가 아닐까 싶다.

4장. 데이비드의 생활 계획표 들여다보기

인규는 엄격한 생활계획표 대신 자유로운 일상 속에서

토론 준비와 다양한 취미 활동을 병행하며

스스로 절제와 균형을 익혀 나가다.

●

대한민국의 교육 체계는 아이들이게 '공부해라'라고 말하지만, 정작 공부하는 방법은 알려주지 않는다. 그래서 아이들은 '공부는 어떻게 하는 거예요?'라고 묻곤 한다. 나는 우리 아이들이 그런 질문을 할 때마다 아이들의 큰아버지, 즉 나의 형 이야기를 들려준다. 형은 서울대 졸업에 예일대에서 인류학 박사 학위를 받았으며, 어릴 적부터 선생님 말씀을 잘 듣고 그대로 실천하는 전형적인 모범생이었다. 선생님들은 늘 예습과 복습을 꾸준히 하는 것이 중요하다고 강조했는데, 그걸 가장 철저히 지킨 사람이 바로 형이었다.

형은 나보다 세 학년 위였고, 책임감이 강해서 반장도 자주 맡았다. 성적은 늘 최상위권이었으며, 말 그대로 교과서적인 모범생이었다. 나는 형과는 달랐다. 나는 공부보다는 놀기를 좋아했다. 초등학생 시절에는 숙제를 빨리 끝내고 동네 테니스장에서 몇 시간씩 테니스를 치고, 중학생 때는 친구들과 농구나 탁구를 즐겼다. 예습과 복습은 거의 하지 않았고, 시험 기간에만 집중적으로 공부했다. 나는 밤을 새우는 체질이 아니라 시험 당일 새벽에 일찍 일어나 학교에서 급히 공부하곤 했다.

하지만 형은 한 번도 밤을 새우거나 새벽 공부를 하는 모습을 본 적이 없었다. 학교에서 돌아오면 숙제를 하고, 그날 배운 내용을 복습한 뒤에야 테니스를 치거나 농구를 했다. 저녁에는 TV를 보았고, 정해진 시간에는 공부방에 들어가 다음 날 수업 예습을 하곤 했다. 나는 재미있는 TV를 끊지 못해 거실 소파에 앉아 늦게까지 TV를 보다가 잠들곤 했다. 형은 평소 꾸준히 공부했기에 시험 기간에도 크게 급하지 않았다. 평소 공부 시간만 따져봐도 형은 나나 다른 친구들보다 훨씬 많았을 것이다.

이 이야기를 아이들에게 들려주며 평소에 공부하는 습관이 얼마나 중요한지 강조했다. '아빠가 해보니 안 하면 안 되더구나. 그러니까 너희들은 꼭 해야 한다.'라고.

그렇다고 데이비드가 생활계획표를 체계적으로 만들고 생활한 것은 아니었다. 초등학교 이후 생활계획표를 만들지 않았고, 방학 때 잠깐 계획표를 세운 적은 있지만 실천 여부는 알 수 없다. 학기 중에는 집에서 보내는 시간이 많지 않았다. 학교생활, 토론 연습, 그리고 취미생활 세 가지를 하면 밤 11시, 12시가 되기 때문이다. 다음 날 학교 준비를 하며 잠에 들었다.

그 중 학교생활은 가장 여유로웠다. 한국 고등학교와 달리 야간 자율학습도 없고 숙제도 많지 않았다. 쉬는 시간에 충분히 할 수 있는 양이었다. 학교가 끝나면 대부분 시간을 토론 준비에 썼다. 자료를 모으고 분석하는 작업이었다. 공부는 주로 2층 자기 방에서 했다.

피곤해지면 취미 활동을 즐겼다. 초등학교와 중학교 시절에는 아이스하키와 골프를 했고, 고등학생이 되면서 농구와 전자기타, 11학년 때는 무에타이를 배웠다. 나는 스포츠를 좋아해서 인규가 골프 치는 모습을 보거나 함께 농구를 했다. 무에타이를 시작한 이후로는 UFC에도 관심이 많아져, 매치업이 발표되면 선수들의 장단점을 분석하며 경기 결과를 예상했다. 경기 당일엔 팝콘을 들고 극장에서 영화를 보듯 경기를 즐겼다. 예상 적중률은 인규가 더 높았는데, 토론으로 다져진 분석 능력 덕분이라 생각했다. 아들과 함께 스포츠를 즐기는 것은 많은 아버지들의 로망 중 하나다. 우리도 그 로망을 누렸다.

또한 피아노 방에서 기타를 치거나 지하 거실에서 샌드백을 치며 웨이트를 하기도 했다. 기타 소리와 샌드백 소리는 인규의 쉬는 시간을 알리는 신호였다. 그러면 나는 슬쩍 다가가서 물었다.

"인규야, 숙제 다 했어?"

"조금 전까지 토론 수업 준비하다가 이제 샌드백 좀 치고 학교 숙제 하려고요. 오늘 숙제가 얼마 안 돼서 1시간 뒤에 시옷 치읓 같이 가실래요?"

시옷 치읓은 산책을 뜻한다. 산책이라고 말하면 강아지 라라가 지금 나가는 줄 알고 흥분하기 때문에 바로 나가는 것이 아니라면 시옷 치읓이라는 일종의 암구호로 말하는 것이다.

"응. 좋지!"

"네. 숙제 빨리 끝낼게요!"

휴일이나 Pro-D-Day(Professional Development Day, 직업 개발의 날. 선생님들의 교수 역량 발달을 위해 BC주 전역의 학교가 휴교하는 날) 등 학교에 가지 않는 날에는 교외로 데이트를 나가기도 했다. 전날 밤이나 아침에 아이들 스케줄을 먼저 물어봤다.

"인규, 인성아. 내일 학교 안 가지? 내일 뭐 할 거야?"

"토론 대회 준비해야 해요."

"전 아무것도 안 해요. 그냥 놀 거예요."

"아빠, 토론 준비는 많이 안 남았으니까 외식하러 가요. 밴쿠버에 유명한 스테이크집 있는데 거기 가서 먹어보고 싶어요."

쉬는 날에도 스케줄을 미리 짜진 않았다. 아이들이 하고 싶은 걸 말하면 그걸 해주는 방식이었다. 스테이크 집 첫 방문 때 인규는 웰던(Well-done)으로 먹었다가, 다음엔 미디움웰(Medium-Well), 지금은 미디움(Medium)으로 도전 중이다. 레어(Rare)는 아직 못 먹겠다고 하지만, 다음에 가면 미디움레어(Medium-Rare)도 도전해보고 싶다고 한다. 스테이크마저 도전하는 인규, 정말 타고난 승부사다.

물론 한국 아이들과 마찬가지로 유튜브를 보며 시간을 보내기도 한다. 소파에 누워 관심 있는 분야의 영상이나 영화를 보고, 못 본 스포츠 경기 하이라이트를 찾아보기도 한다. 어릴 때는 핸드폰 게임과 유튜브 때문에 공부에 집중하지 못한 적도 많았다. 그럴 때는 핸드폰을 잠시 압수해 공부 시간에는 공부에 집중하게 했다. 지금은 그 습관이 된 것인지 스스로 절제하는 것인지, 공부에 방해되지 않도록 스스로 조절한다.

학기 중에는 보통 밤 11시나 12시쯤 잠들지만, 방학 때는 늦게까지 놀기도 한다. 방학의 또 다른 즐거움이니 비교적 자유롭게 두는 편이다. 나는 일찍 자고 일찍 일어나는 편이라 늦은 밤 시간에는 주로 아내와 시간을 보낸다. 음악가인 아내도 야행성이라 늦게까지 깨어있는 경우가 많다. 그럴 때 아이들은 엄마와 늦게까지 이야기하며 논다. 방학에도 12시 전에 자라고 몇 번 잔소리했지만, 나는 집에서 제일 먼저 잠들기 때문에 아이들이 정확히 몇 시에 자는지는 모른다. 아이들이 8~9시에 일어나는 걸 봐선 1~2시에 잠드는 게 아닐까 추측만 할 뿐이다. 일찍 자라는 말은 강제성 없는 잔소리에 불과하다. 그래도 아이들이 잔소리에 스트레스 받지 않는다는 점에 위안을 삼는다.

5장. 유학의 모든 것

화려한 성공담보다는,

때로는 조용히 울음을 삼켰던 순간들까지도 함께 담아내며,

지금 이 길을 고민하고 있을 누군가에게 작은 빛이 되기를 바란다.

학창 시절을 떠올려보면, 가장 마음이 긴장되던 순간 중 하나는 학년이 바뀌며 새로운 반에 들어가던 날들이었다. 익숙했던 친구들과 떨어져 낯선 얼굴들 사이에 앉아야 한다는 것, 같은 학교 안에서의 변화임에도 불구하고 마치 전혀 다른 세계에 발을 들이는 것 같은 두려움과 설렘이 함께 찾아왔던 기억이 있다. 단지 반이 바뀌는 것뿐인데도 그렇게 떨렸었다.

그렇게 생각해보면, 유학이라는 선택이 얼마나 큰 용기를 필요로 하는 일인지 알 수 있다. 이건 단순히 반이 바뀌거나 교실이 달라지는 정도가 아니다. 국가가 바뀌고, 사용하는 언어가 바뀌며, 식탁에 오르는 음식이 달라지고, 하루를 살아가는 방식이 통째로 달라진다. 내가 지금껏 '당연하다'고 여겨왔던 모든 것들이 더는 당연하지 않게 되는, 일상의 바닥부터 흔들리는 변화 속으로 들어가는 것이다. 그만큼 유학은 결코 쉬운 일이 아니다. 그럼에도 불구하고, 여전히 많은 청소년들과 학부모님들이 유학이라는 이름의 여정을 꿈꾸고 준비하고 있다. 누군가는 더 넓은 세상을 보기 위해, 누군가는 더 나은 교육을 위해, 또 누군가는 삶의 방향을 찾기 위해 이 낯선 여정을 택한다. 나 역시 그 길을 선택했던 한 사람으로서, 그리고 부모의 입장에서 아이와 함께 그 시간을 통과했던 경험자로서, 그들에게 조금이라도 도움이 되었으면 하는 마음이 크다.

그래서 이 글에서는 내가 캐나다에서 직접 부딪히고 느꼈던 유학의 현실, 그리고 여러 유학원 원장님들과의 대화를 통해 들었던 진솔한 이야기들을 나누고자 한다. 화려한 성공담보다는, 때로는 조용히 울음을 삼켰던 순간들까지도 함께 담아내며, 지금 이 길을 고민하고 있을 누군가에게 작은 빛이 되기를 바란다.

먼저, 유학을 꿈꾸는 청소년들에게 말을 건네고 싶다. 그리고 이어서, 같은 꿈을 품은 학부모님들께도 진심을 담아 전하고자 한다.

1. 유학을 꿈꾸는 청소년에게

Q1. 평범한 한국 학생, 유학 갈 수 있을까요?

'유학파'라는 단어를 들으면, 우리 머릿속에 자연스레 떠오르는 이미지가 있다. 잘 다려진 정장을 입고 유창한 외국어로 자연스럽게 대화를 나누는 엘리트, 자신감과 여유를 동시에 갖춘 누군가. 이는 아마도 드라마나 영화 속에서 유학파가 늘 뛰어난 사람으로 그려졌기 때문일 것이다.

그래서일까. 많은 학생들이 유학은 원래 특별한 사람들만 가는 것이라고 믿는다. 전교 1등, 영어성적 만점, 대회 수상 경력—이런 스펙이 없으면 '유학을 떠날 자격'조차 없다고 생각하는 것이다. 자신이 너무 평범하다는 이유로, 애초에 그 문을 두드리지도 못하는 아이들을 많이 봐왔다. 그러나 나는 이렇게 말하고 싶다. 유학에는 자격이 필요 없다. 유학은 시험이 아니고, 성적순도 아니다. 단지 가고 싶고, 새로운 세상에서 스스로를 한 번 걸어보고 싶다면 그 자체로 충분하다. 정말로, 그뿐이다.

물론 현실적인 고려는 반드시 필요하다. 어느 나라로 갈 것인지, 어떤 학교를 선택할지, 어떤 도시에 거주할지, 언제 떠날지, 얼마 동안 머물지, 비용은 어떻게 준비할지, 현재의 언어 실력은 어느 정도인지, 그리고 무엇보다 내가 왜 유학을 가려 하는지―이 모든 것이 하나하나 중요한 요소다. 하지만 그 어떤 조건도 '너는 안 돼'라고 말할 수는 없다. 지금 성적이 뛰어나지 않다고, 학원을 다니지 않는다고 해서 유학에서 실패하는 것은 아니다.

내 아들 인규는 그 대표적인 예다. 인규는 캐나다로 유학을 떠난 후, 한국인 최초이자 캐나다 대표 최초로 세계 토론 대회 챔피언이 되었다. 이 말만 들으면 처음부터 특별한 아이였을 것 같지만, 실상은 정반대다. 유학을 떠날 당시 인규는 전교 1등은커녕, 학업에 특별한 흥미조차 없었다. 국·영·수 학원 대신 작은 체구를 보완하고자 수영이나 운동 위주의 활동을 더 많이 했다. 강제로 공부를 시킨 적도 없다. 학원을 싫어하면 보내지 않았다. 말 그대로, 평범한 학생. 그게 인규였다.

그러나 그 평범했던 인규가 캐나다라는 전혀 다른 환경 속에서 '토론'이라는 날개를 달았고, 그토록 놀라운 성취를 이뤄냈다. 만약 인규가 한국에 남아, 대부분의 아이들처럼 학교와 학원을 오가는 일상에 머물렀다면 어땠을까? 아마 좋은 대학에 진학했을 것이다. 하지만 세계 무대에서 자신의 목소리로 우승기를 들어 올리는 경험은 분명, 하지 못했을 것이다.

이런 이야기는 인규에게만 국한되지 않는다. 유학생 사회에 있다 보면, 한국에서는 평범했던 아이가 새로운 환경 속에서 놀랍도록 빛나는 순간들을 자주 마주하게 된다. 낯선 땅, 낯선 언어, 낯선 문화—그 모든 것이 처음엔 두려움일 수 있다. 그러나 그 속에서 아이들은 조금씩 자신만의 가능성을 발견하고, 삶의 방향을 스스로 그려 나간다.

간단하지만 의미 있는 이야기가 있다. 우리가 편의점에서 사는 물 한 병의 가격은 천 원이다. 그런데 운동회가 열리는 운동장에서는 그 물이 천오백 원이 되고, 산꼭대기에서는 이천 원에 팔린다. 물은 변하지 않았지만, 그것이 놓인 위치가 그 가치를 바꿔 놓는다. 우리도 그렇다. 지금 내가 있는 자리가 나를 정확히 알아보지 못할 수도 있다. 그렇다면 자신의 진짜 가치를 알아주는 곳으로 옮겨가는 것도 하나의 방법이다.

"평범한 한국 학생이 유학을 가도 될까요?"

누군가 이렇게 묻는다면, 나는 주저 없이 말할 것이다.

"그럼요, 당연히 가능합니다."

지금 내가 특별하지 않다고 해서, '내가 무슨 유학이야'라며 스스로를 멈추게 만들 필요는 없다. 현재의 나약함이 미래의 가능성을 가로막는 벽이 되어선 안 된다. 나의 오늘이 평범할지라도, 내일의 나는 전혀 다른 모습으로 피어날 수 있다.

Q2. 유학 준비, 그거 어떻게 해요?

유학은 아주 간단히 말해 외국에서 살면서 공부하는 것이다. 만약 이 말을 뒤집어, 어떤 외국인이 여러분에게 '한국에서 살 건데 어떻게 살면 돼요?'라고 묻는다면 어떻게 말해야 할까? 그 외국인이 누구인지, 혼자 혹은 가족과 함께 한국으로 오는지, 어느 도시에서 살 건지, 생활수준은 어느 정도일지, 몇 년이나 한국에 거주할 건지, 한국에 오는 목표는 무엇인지 등 너무나 많은 상황을 떠올릴 수 있을 것이다. 유학도 마찬가지다.

'유학은 이렇게 해야 한다.' 같은 정답이 있는 것이 아니다. 여러분들의 상황과 여러분들의 목표에 따라 얼마든지 달라질 수 있다. 그러나 그렇다고 무작정 유학에 떠났다간 반드시 유학에 실패한다. 한국이 싫어 무작정 유학길에 오른 학생 중 상당히 많은 학생이 유학에 실패한다. 그러니, 유학에 대해 유연하게 생각하되, 최소한 아래의 7가지에 대해서는 반드시 꼼꼼히 살펴보고 유학을 결정해야 한다.

① 목표와 의지

유학에서 가장 중요한 한 가지가 무엇이냐고 묻는다면, 나는 주저 없이 이렇게 답하겠다. 바로 '유학을 떠날 학생의 목표와 의지'다.

'목표와 의지만 있으면 무엇이든 이룰 수 있다'는 뻔한 말을 하려는 것이 아니다. 목표와 의지가 없다면, 유학은 매우 높은 확률로 실패로 끝나기 때문이다. 다시 말해, 목표와 의지는 유학을 시작하는 데 있어 최소한의 준비물이다.

캐나다에 유학 오는 학생들 중 상당수는 훌륭한 대학을 목표로 한다. 하버드, 스탠퍼드, 프린스턴 같은 아이비리그 대학이나 세계 최상위권 대학을 꿈꾸며, 지구 반대편까지 날아온다. 그만큼 뚜렷한 목표와 의지를 가진 학생들이다. 하지만 이들이 캐나다에 도착해서 처음 마주하는 현실적인 문제는 의외로 간단하다. '무엇을 해야 할지 모르겠다'는 것이다.

이게 무슨 말일까? 이유는 아주 단순하다. 캐나다 학교는 오후 3시면 수업이 끝나기 때문이다. 고등학교도 예외가 아니다. 한국에서는 밤 9시까지 학교에 있거나 학원을 전전하며 공부하는 게 익숙한 학생들이다. 그런데 갑자기 오후 3시 이후로 자유시간이 주어지면, 처음에는 무엇을 해야 할지 막막하다. 일단 '좋은 대학에 가겠다'는 생각으로 집에서 혼자 공부를 하긴 하지만, 그 공부가 정말 제대로 된 방향인지, 과연 대학 입시에 도움이 되는 건지 알기 어렵다. 게다가 하교 후 집에서 혼자 책상 앞에 앉아 있는 생활은 한국에서와 크게 다르지 않아 혼란스럽기도 하다.

이처럼 뚜렷한 목표와 의지를 지닌 학생조차 길을 잃는다. 그렇다면 목표와 의지 없이 유학을 떠난다면 어떨까? 영어가 익숙하지 않아 현지 친구들과 어울리기도 쉽지 않다. 결국, 혼자 있는 시간만 길어지고 그 시간은 무기력하게 흘러간다. 그렇게 되면 '차라리 한국에 있는 게 나았겠다'는 생각까지 들 수 있다.

그래서 유학을 떠나기 전, 반드시 스스로에게 물어봐야 한다. '나는 분명한 목표가 있는가? 그 목표를 이루고 싶은 진심 어린 의지가 있는가?'

물론, 그 목표가 꼭 '좋은 대학 진학'일 필요는 없다. 오히려 그것은 다소 한국적인 목표이기도 하다. 나의 개인적인 생각으로는, '나는 이 유학을 통해 최대한 다양한 경험을 해보겠다', '적극적으로 새로운 세계에 뛰어들어 보겠다' 같은 목표도 충분히 훌륭하다. 사실 이런 목표야말로 '진짜 유학'에 가까운 것이라고 생각한다.

우리 가족이 캐나다 유학을 결심한 가장 큰 이유도 여기에 있었다. 나는 한국식 교육 방식에 동의하지 않았다. 한국의 교육은 마치 서울대 의대 하나만을 향해 모두가 달리는 경주 같았다. 다른 선택지는 아예 존재하지 않는 듯한 분위기. 나는 아이들에게 더 많은 선택지를 보여주고, 그중에서 스스로 고를 수 있는 자유를 주고 싶었다. 그래서 보다 자유롭고 다양한 가능성을 품은 캐나다로의 유학을 선택했던 것이다.

실제로 인규와 인성이는 캐나다에서 다양한 활동을 경험할 수 있었다. 농구, 수영, 골프, 무에타이 같은 스포츠부터 성악, 전자 기타 같은 음악 활동, 그리고 토론과 웅변까지. 물론 모든 활동이 도움이 되거나 적성에 딱 맞았던 것은 아니다. 하지만 시행착오를 거치며 자신에게 맞는 것을 찾을 수 있었고, 예상치 못한 재능을 발견하기도 했다.

나는 한국의 많은 평범한 학생들도 각자의 재능을 지니고 있다고 믿는다. 다만 한국에서는 그 재능을 발견하거나 펼칠 기회가 너무나 부족하다. 그래서 '나는 나의 재능을 찾고 싶다. 그러기 위해 최대한 많은 활동에 도전하겠다'는 마음으로 유학을 떠나는 것도 멋진 일이라고 생각한다. 실제로 캐나다에는 공부 외의 다양한 영역에서 자신의 길을 찾는 학생들이 아주 많다.

그러니 유학을 꿈꾼다면 며칠, 아니 몇 주, 몇 달이 걸리더라도 좋으니 시간을 들여 꼭 고민해보아야 한다. 나는 어떤 목표를 가지고 있는가? 그 목표를 정말 간절히 이루고 싶은가? 그 질문에 스스로 확신 있게 답할 수 있을 때, 비로소 유학을 떠나야 한다.

② **유학의 종류**

유학은 하나의 큰 틀이며, 그 안에는 다양한 형태의 프로그램이 존재한다. 자신에게 어떤 유형의 유학이 적합한지 잘 선택하는 것은 유학 성공의 중요한 열쇠다.

> 어학연수와 워킹홀리데이

어학연수와 워킹홀리데이는 주로 대학생 이상이 해외에서 공부하는 경우에 해당하며, 초중고 학생들은 해당하지 않는다. 간단히 살펴보면,

- **어학연수**는 3개월에서 1년 정도 현지 대학 부설 어학원이나 사설 어학원에서 외국어를 배우는 프로그램이다. 학위를 받는 것이 목적이 아니라 외국어 실력 향상과 해외 생활 경험을 위해 떠난다. 미국, 캐나다, 영국, 호주, 아일랜드, 필리핀 등이 주요 목적지다.

- **워킹홀리데이**는 만 18세~30세의 청년이 최대 1년 동안 해외에서 체류하며 취업, 어학연수, 여행 등을 하는 제도이다. 국가에 따라 나이와 워킹홀리데이 기간은 차이가 있다. 어학연수와의 차이점은 식당이나 카페에서 일을 하며 생활비를 마련하며 해외에서 생활할 수 있다는 점이다. 그 때문에 유학은 부담되지만, 해외에서 생활하고 싶은 사람들이 많이 이용한다.

단기 캠프

초중고 학생들이 의미 있게 경험할 수 있는 유학의 한 형태로 단기 캠프가 있다. 단기 캠프는 보통 2주에서 길게는 3개월 정도 현지 학교 부설 유학원이나 사설 유학원에서 공부하는 프로그램이다. 현지에 별도의 거주지를 마련하거나 홈스테이 형식으로 생활하며, 공부뿐 아니라 그 나라의 문화 체험이나 명문대 투어 등이 포함된 경우도 있다.

특히 캐나다의 경우, 단기 캠프는 여름과 겨울로 나뉜다. 겨울 단기 캠프는 1월에 현지 학교가 운영되기 때문에, 현지 학생들과 함께 학교 생활을 하면서 진짜 유학의 느낌을 경험할 수 있다. 학교 수는 많지 않지만, 시기만 잘 맞춘다면 짧은 기간이라도 현지 학생들과 어울려 공부할 수 있는 특별한 기회다. 이는 유학을 꿈꾸는 학생들에게 매우 소중한 경험이 될 수 있다.

반면 여름 단기 캠프는 캐나다 학교가 방학하는 기간이라 현지 학교에서 공부할 수 없고, 국제 학생도 함께 방학하기 때문에 현지 학교 생활 체험이 제한된다. 그래서 만약 현지 생활을 직접 체험하고 싶다면 겨울 단기 캠프를 우선적으로 알아보는 것을 추천한다.

조기 유학

초·중·고 학생 시기에 떠나는 유학을 조기 유학이라고 하며, 우리가 흔히 말하는 '유학'은 대부분 이 조기 유학을 뜻한다. 단기 연수나 캠프와 달리, 조기 유학은 최소 1년 이상 장기간 현지에 체류하며 정규 교육과정을 이수하는 것을 말한다. 일반적으로 정식 학위를 취득하는 것을 목표로 하며, 현지 대학에 진학하기도 하고 국내로 돌아가기도 한다.

이 때문에 다른 유학 형태보다 훨씬 꼼꼼하게 따져보고 준비하는 것이 매우 중요하다. 여러 가지를 고민해야 하지만, 특히 현지 학교의 커리큘럼과 교육 환경을 꼼꼼히 살펴봐야 한다.

캐나다의 경우, 공립학교와 사립학교로 나뉜다. 일반적으로는 사립학교가 더 좋다는 인식이 있지만, 캐나다는 예외인 경우가 많다. 대다수 유학원에서 추천하는 캐나다 사립학교들은 유학생 중심으로 운영되는 곳이 많아, 현지 캐나다 학생보다 한국, 중국, 베트남 등 동양 학생 비율이 훨씬 높다. 캐나다까지 와서 동양인 학생들과만 생활한다면, 유학의 본래 의미가 많이 퇴색되는 셈이다.

물론 명문 사립학교는 상황이 다르다. 영어 시험과 인터뷰 등의 까다로운 입학 절차를 거쳐야 하며, 모든 시험을 통과한 학생들만 입학할 수 있다. 학비는 매우 비싸지만, 그만큼 세계 최고 수준의 교육 프로그램을 제공한다. 캐나다의 사립학교는 이처럼 천차만별이므로, 반드시 어떤 학교인지 꼼꼼히 살펴보고 유학 준비를 시작해야 한다.

공립학교도 학교마다 차이가 크다. 캐나다인의 90% 이상이 공립학교를 선호하며, 평준화된 교육을 실시하지만 학교별로 운영하는 프로그램은 다르다. 캐나다 학생들은 한국 학생들처럼 '무조건 대학에 가야 한다'고 생각하지 않는다. 그래서 일반적인 4년제 대학 진학률은 40~50% 수준이다. 하지만 일부 공립학교는 4년제 대학 진학률이 95%에 달하기도 하는데, 이는 해당 학교 프로그램에 따라 대학 진학을 희망하는 학생들이 몰리기 때문이다. 따라서 공립학교로 유학을 계획한다면, 대학 진학까지 고려해 학교 프로그램을 꼼꼼히 확인해야 한다.

한 유학원 원장님께 들은 캐나다 공립학교 선택 팁을 나누자면, '학교 랭킹'보다 '학교 프로그램'을 보라는 것이다. 캐나다 공립학교에는 랭킹이 매겨지는데, 이는 초등학생을 대상으로 한 기초학력 평가 결과를 바탕으로 한다. 그러나 이 랭킹이 곧 학교 수준을 의미하지는 않는다. 기초학력 평가 문제는 매우 쉽기 때문에, 랭킹이 높다는 것은 학생들의 실력 편차가 크지 않다는 정도로 해석하는 게 적절하다.

실제로 중요한 지표는 학교 프로그램, 국제 학생 비율, 현지 학생의 학업 성취도다. 앞서 언급했듯 캐나다인의 4년제 대학 진학률은 평균 40~50%지만, 대학 진학을 희망하는 학생이 몰리는 학교는 진학률이 95%를 넘기도 한다. 따라서 학교 현지 학생들의 학업 성취도를 꼭 살펴봐야 한다. 또한 국제 학생 비율도 중요하다. 국제 학생 비율이 높다는 것은 현지 학생 비율이 낮다는 의미다. 현지 학생이 적으면 영어를 현지 수준으로 배울 기회가 줄어든다. 유학의 가장 기본적인 목적이 약해지는 셈이다. 그래서 영어 실력을 제대로 키우기 위해서는 국제 학생 비율이 낮은 학교를 선택하는 것이 좋다.

마지막으로, 학교에서 운영하는 프로그램도 살펴봐야 한다. 예를 들어, 인규가 다녔던 Yale Secondary 학교에는 Honor's Class라는 우등반 프로그램이 있었다. 이 프로그램은 아이비리그 등 일류 대학 진학을 꿈꾸는 학생들을 위해 만들어진 것으로, 학업 의지가 강한 학생들을 위한 수준 높은 교육을 제공한다. 실제로 인규의 학교에는 하버드 출신 선생님도 계셨으며, 그분이 인규를 직접 지도해 주셨다. 우리나라 공립학교에서 하버드 출신 선생님을 만날 기회는 매우 드문 일이다. 캐나다는 의지가 있는 학생에게 집중 지원을 하며, 한국보다 훨씬 높은 수준의 교육을 제공하기도 한다.

따라서 캐나다 공립학교 진학을 고려한다면, 학교 프로그램, 국제 학생 비율, 현지 학생 학업 성취도를 반드시 꼼꼼히 확인해야 한다.

<해외 공부 유형별 비교표>

유형	대상	기간	특징
어학 연수	대학생이상	3개월~1년	해외에서 영어 공부 주요 국가 : US CA GB AU
워킹 홀리데이	성인(대학생포함)	1년	취업·공부·여행 가능 일하며 생활비 마련 가능
단기 캠프	초·중·고 학생	2주~3개월	학위 취득 불가 여름: 학교 체험 X (방학) 겨울: 학교 체험 O (학기 중)
조기 유학	초·중·고 학생	최소 1년 이상	학위 취득 목적 공립·사립학교 재학 공립: Honor's Class 운영 여부에 따라 구분

③ 유학원

유학에 대한 정보는 누구나 알고 있는 것 같지만, 실상은 '아는 사람만 아는' 세계다. 유학을 결심하는 일 자체가 쉽지 않다 보니, 주변에 유학을 잘 아는 사람이 있는지 없는지가 결정에 큰 영향을 미친다. 주변에 유학을 다녀온 사람이 있다면, 유학에 대한 막연한 두려움이나 부담감이 줄어들지만, 그런 사람이 없다면 유학을 선택하는 것은 결코 쉬운 일이 아니다.

번호	시도명	행정구	계(A+B)				유학(A)				파견동행(B)			
			계	초등학교	중학교	고등학교	계	초등학교	중학교	고등학교	계	초등학교	중학교	고등학교
	전체	전체	16,302	10,260	4,115	1,927	9,077	4,399	2,893	1,785	7,225	5,861	1,222	142
1	서울	강남구	1,034	593	269	172	533	219	161	153	501	374	108	19
2	경기	용인시	981	691	224	66	393	217	117	59	588	474	107	7
3	경기	성남시	873	529	232	112	427	175	151	101	446	354	81	11
4	서울	서초구	832	571	174	86	389	204	110	75	443	368	64	11
5	경기	고양시	676	400	171	105	399	178	127	94	277	222	44	11
6	경기	수원시	618	408	140	70	288	143	82	63	330	265	58	7
7	서울	송파구	549	365	142	42	295	156	98	41	254	209	44	1
8	경기	화성시	475	339	97	39	191	97	57	37	284	242	40	2
9	서울	양천구	377	213	121	43	187	75	72	40	190	138	49	3
10	세종	세종시	331	244	62	25	109	61	30	18	222	183	32	7
11	대전	유성구	281	179	71	31	129	51	50	28	152	128	21	3
12	서울	노원구	268	167	64	37	179	94	48	37	89	73	16	0
13	인천	연수구	263	151	75	37	149	61	51	37	114	90	24	0
14	경기	안양시	261	179	54	28	113	60	29	24	148	119	25	4
15	부산	해운대구	233	144	62	27	147	74	46	27	86	70	16	0
16	대구	수성구	222	140	56	26	138	71	41	26	84	69	15	0
17	경기	남양주시	203	126	56	21	143	78	44	21	60	48	12	0
18	서울	동작구	198	152	31	15	91	54	22	15	107	98	9	0

실제로 2018년 통계에 따르면, 해외 유학생 수를 행정구역별로 분석했을 때 상위 10개 지역 중 9곳이 서울과 경기 지역이었다. 숫자로 따지면, 이 상위 10개 지역 출신 유학생의 약 95%가 서울과 경기 지역 거주자였다. 이는 유학이라는 선택이 주변 환경에 얼마나 큰 영향을 받는지를 보여준다. 결국 유학 정보는 '접근 가능한 사람만 아는 정보'인 셈이다.

하지만 주변에 유학을 다녀온 사람이 없어도 유학을 꿈꾸는 학생은 있다. 그럴 때 가장 현실적이고 효과적인 방법은 유학원을 방문해 상담을 받아보는 것이다. 유학원은 다양한 국가와 프로그램에 대한 정보를 제공하고, 입학 절차와 비자, 생활 안내까지 돕는 만큼, 주변에 정보를 얻을 곳이 없다면 유학원을 찾는 것이 가장 빠른 길이다.

다만, 중요한 점은 한 곳의 유학원만 믿어서는 안 된다는 것이다. 안타깝게도 모든 유학원이 학생을 진심으로 돕는 것은 아니다. 일부 유학원은 학생을 단지 '고객 1명' 혹은 '수익의 수단'으로만 여긴다. 더 씁쓸한 현실은, 그런 유학원이 결코 소수는 아니라는 사실이다. 유학원이 유학을 연결해 주고 수수료를 받는 것은 당연한 구조이지만, 학생의 삶을 깊이 고려하지 않는 곳도 많다.

그래서 유학원을 찾을 때는 반드시 여러 곳을 비교하고, 상담을 받은 뒤에도 자신이 추천받은 학교나 지역, 프로그램을 직접 찾아보고 분석해 봐야 한다. 유학은 인생의 중요한 전환점이기에, 누군가의 말만 믿고 덜컥 결정해서는 안 된다.

조금 과감하게 말하자면, 유학원 말만 믿었다가 낭패를 보는 경우도 적지 않다. 상담할 때는 마치 천국 같은 환경에서 공부하게 될 것처럼 포장하지만, 막상 비용을 지불하고 캐나다에 도착했을 때는 전혀 다른 현실을 마주하는 경우도 있다. 낯선 땅에서, 그것도 말이 통하지 않는 곳에서 미성년 학생이 혼자 할 수 있는 일은 많지 않다. 시차 때문에 부모님과 연락하기도 어렵고, 음식 하나만 해도 적응에 어려움을 겪는다. 어떤 학생은 스트레스로 인해 한두 달 만에 10kg 이상 체중이 빠지기도 한다.

"만약 나 혼자, 말도 통하지 않는 외국에 남겨진다면, 과연 어디까지 스스로 헤쳐 나갈 수 있을까?"

유학원을 잘못 선택한 학생들이 직면하는, 매우 현실적인 질문이다. 그래서 정말, 정말, 정말 유학원을 신중하게 골라야 한다. 여러 곳을 직접 발로 뛰며 상담을 받아보고, 가능하다면 실제 유학을 다녀온 사람들의 이야기를 들어보는 것이 좋다.

또 한 가지, 참고할 만한 방식은 '관리형 유학'이다. 흔히 말하는 홈스테이보다는 좀 더 체계적이고 규모 있는, 일종의 '해외형 하숙' 개념이다. 관리형 유학원 중에는 상당히 전문적인 시스템을 갖춘 곳도 있고, 잘 선택하면 학생에게 매우 긍정적인 영향을 줄 수 있다.

기억에 남는 일화가 있다. 캐나다에서 10년 넘게 관리형 유학원을 운영해온 한 원장님과 나눈 대화였다. 인규와 인성이는 유학 초기에는 아내와 함께 캐나다에 머물렀고, 나는 '기러기 아빠' 생활을 하다가 시간이 지나면서 캐나다에서 더 많은 시간을 보내게 되었다. 사실상 우리 가족 모두가 함께 이주한 셈이었기에, 아이들의 정서도 비교적 안정적이었다.

그러나 혼자 유학 온 아이들도 많았다. 아직 어린 나이인 만큼 외로움이나 적응의 어려움이 걱정되어, 어느 날 원장님께 이렇게 물어봤다.

"혼자 온 학생들, 많이 외롭지 않나요?"

그때 원장님은 잠시 생각하시더니, 뜻밖의 대답을 해주셨다.

"외로움이요? 음... 어떤 아이들은 한국에서 더 외로웠어요."

그 말이 오래도록 마음에 남았다. 유학 오는 학생들 중에는 밝은 미래를 꿈꾸며 오는 아이들도 있지만, 한국에서의 아픈 기억을 뒤로하고 새로운 시작을 위해 오는 경우도 적지 않다고 한다. 그런 학생들은 오히려 캐나다에서 함께 지내며 정서적으로 회복되고, 점차 안정을 되찾는다는 것이었다. 실제로도 평범하거나 심지어 낮은 성적이었던 학생들이, 원장님의 관리형 유학원에서 몇 년간 생활하며 정서적으로 안정을 찾고 학업 성취를 이루어 캐나다나 미국의 명문대학에 진학하는 경우도 적지 않다고 자랑하듯 말씀하셨다.

수년간 그 원장님이 학생들의 고민을 직접 듣고, 함께 울고 웃는 모습을 보며 느꼈다. 그분의 자랑 속에는 분명한 사랑이 깃들어 있었다.

이처럼 유학의 성패는 유학원 선택에 달려 있다고 해도 과언이 아니다. 한국에서조차 주변 환경이 중요한데, 낯선 외국에서의 생활에서는 그 영향이 얼마나 더 클지 생각해 보라. 그래서 나는 이 말을 몇 번이고 강조하고 싶다. 유학원은 반드시, 꼭, 신중하게 선택하라.

④ **나라 선택**

한국 학생들이 유학을 떠나는 가장 큰 이유는 영어를 습득하기 위해서다. 그렇기 때문에 가장 선호하는 국가는 미국, 캐나다, 호주다. 나는 유학 전문가가 아니지만, 옆에서 보고 듣고 느낀 바에 따르면 각 나라에 대한 평가는 대체로 다음과 같다.

호주

호주 유학을 선택하는 가장 큰 이유는, 다른 영어권 국가에 비해 상대적으로 저렴한 유학 비용 때문이다. 비자를 받기도 비교적 쉽고, 학생이 합법적으로 일을 하며 유학 생활을 할 수 있다는 점이 큰 장점이다. (물론 비자 제도 등은 시기에 따라 달라질 수 있기 때문에 반드시 개인의 상황에 맞춰 꼼꼼히 따져봐야 한다.)

그럼에도 불구하고, 많은 학생이 결국 미국이나 캐나다로 유학을 결정하는 이유는 바로 대학의 '네임밸류' 때문이다. 이는 호주 대학이 수준이 낮다는 뜻이 아니다. 호주에도 미국의 아이비리그에 해당하는 'G8'이라는 대학 그룹이 있다. 멜버른 대학, 시드니 대학, 뉴사우스웨일스 대학 등이 대표적이며, 이들 대부분은 세계 대학 순위 20위 안에 드는 명문대학이다. 다만, 한국에서의 인지도가 미국이나 캐나다의 대학보다 상대적으로 떨어지는 것이 현실이다.

만약 영어권 국가에서 계속 생활할 계획이라면 큰 문제가 되지 않겠지만, 학업을 마친 후 한국에서 취업할 계획이라면 호주 대학은 상대적으로 한국 내에서의 인식이 낮아 유학생들이 꺼리는 경향이 있다.

미국과 캐나다

미국은 영어권 국가 중 한국인에게 가장 친숙한 나라다. 많은 유학생들이 미국 대학 출신인 만큼, 미국 대학을 졸업하면 한국 사회 어디에서나 인정받는 분위기다. 그러나 대학이 아닌 초·중·고등학교 단계로 내려가면 상황이 조금 달라진다.

많은 유학생이 대학은 미국을 선호하면서도 초·중·고는 캐나다에서 보내려는 이유는 바로 '안전' 때문이다. 캐나다 역시 총기 소지가 허용되는 국가이지만, 관리와 제한 규정이 미국에 비해 훨씬 엄격하다. 또한 대마초 등 마약 문제에서도 미국보다 훨씬 안전하다. 2023년 글로벌 파이낸스지가 발표한 '세계에서 가장 안전한 나라' 순위에 따르면, 캐나다는 9위, 미국은 71위를 기록했다. 이처럼 캐나다가 미국보다 훨씬 안전하기 때문에 '초·중·고는 캐나다에서, 대학은 미국에서'라는 유학 루트가 일반적으로 자리

잡았다.

뿐만 아니라 미국 대학에서는 캐나다에서 초·중·고를 보낸 학생을 더 선호하는 경향도 있다. 앞서 말했듯 캐나다 공립학교 중에는 세계 최고 수준의 교육을 제공하는 학교들이 있고, 하버드 등 아이비리그 출신의 선생님들이 직접 학생들을 지도하기도 한다. 반면, 미국 국공립학교의 교육 수준은 캐나다에 비해 상대적으로 낮다. 그래서 캐나다에서 초·중·고를 마친 학생들이 미국 대학에서 두각을 나타내는 경우가 많아, 미국 대학들은 캐나다 출신 학생들을 더욱 선호하기도 한다. 여러모로 '초·중·고는 캐나다에서, 대학은 미국에서'라는 공식이 통용되는 셈이다.

하지만 캐나다로 유학 가는 한국 학생 수가 늘어나면서 유학 풍토도 조금씩 바뀌고 있다. 최근에는 대학도 캐나다에서 진학하는 학생들이 많아졌다. 캐나다의 대표적인 대학교인 토론토 대학, 맥길 대학, UBC(브리티시 컬럼비아) 대학 등은 모두 세계 30위 안에 드는 명문 대학이며, 한국 사회에서의 인지도도 점차 높아지고 있다. 이에 따라 한국 취업 시장에서도 캐나다 대학 출신에 대한 선호도가 올라가는 추세다.

따라서 최근의 유학 분위기는 '캐나다에서 초·중·고를 보낸 뒤, 적성과 여건에 따라 대학을 캐나다나 미국으로 진학'하는 방향으로 변화하고 있다. 캐나다에서 대학을 졸업한 학생들은 이후 미국으로 대학원 진학을 하거나, 좀 더 전통적인 공부를 원하면 영국으로 진학하는 경향도 커지고 있다.

⑤ 유학 시기

유학 시기는 당연히 빠를수록 좋다. 더 나아가 극단적으로 말하면, 애초에 캐나다나 미국에서 태어나 국적을 가지고 시작하는 것이 가장 유리하다. 빠른 시기에 유학을 시작하는 것이 좋은 이유는 분명하다. 그러나 앞서 언급한 관리형 유학원 원장님은 이렇게 단호하게 말씀하셨다.

"물론 빠를수록 좋죠. 다만, 그건 발음에 한해서입니다. 늦었다고 생각한 학생들 중에서도 성공한 경우가 얼마나 많은데요?"

발음이 좋다는 것은 분명 큰 장점이다. 하지만 그것만으로 모든 것을 이룰 수 있는 것은 아니다. 오히려 한국에서 뚜렷한 목표와 목적을 가지고 유학 온 학생들이 훨씬 더 높은 성취를 이루는 경우가 많다고 하셨다. 다시 생각해 보면 당연한 일이다. 한국에서 태어났다고 해서 한국 시험을 다 잘 치는 것은 아니지 않은가? 중요한 것은 '내가 얼마나 목표 의식을 가지고 열심히 하느냐'인

것이다.

다만, 영어 실력이 전혀 갖춰져 있지 않다면, 한국 기준으로 초등학교 5, 6학년이나 중학교 1학년에는 캐나다로 넘어오는 것이 좋다고 말씀하셨다. 또한 성적의 반영이 10학년, 우리나라로 따지면 고1 때부터 반영되기 때문에, 이를 감안하여 늦어도 8~9학년에는 유학을 시작하는 편이 바람직하다. 물론 1~2년 더 늦게 온다고 해도, 한국에서 재수나 삼수를 한 셈 치면 되는 것이므로 절대적으로 정해진 시기가 있는 것은 아니다.

결국 중요한 것은 유학에 대한 필요성을 스스로 느끼고, 스스로 하겠다는 강한 의지를 가지는 것이다.

⑥ 가족

유학에서 가장 좋은 가족 형태는 당연히 온 가족이 함께 가는 것이다. 낯선 언어, 낯선 음식, 낯선 환경, 낯선 문화 속에서도 온 가족이 함께 있다는 사실만으로도 정서적으로 큰 안정감을 준다. 실제로 부모님과 함께 유학 온 아이들이 상대적으로 외로움을 덜 느끼고, 고민이 생겨도 비교적 빨리 해결하며 감정의 기복도 적은 편이었다. 그래서 부모님 두 분이 모두 함께, 혹은 최소한 한 분이라도 동행하는 것이 가장 이상적인 가족 형태라고 할 수 있다.

하지만 학생 혼자 유학을 떠난다고 해서 그것이 반드시 나쁜 것은 아니다. 다만 유학 생활이 상대적으로 더 어렵게 느껴질 수 있을 뿐이다. 현실적으로 많은 유학생들이 온 가족이 함께 유학하기보다는 부모님 중 한 분만 현지에 함께 오거나, 또는 혼자 유학을 오는 경우가 많다. 유학 비용이 만만치 않아 부모님 중 한 분은 한국에 남아 비용을 마련해야 하는 경우가 대부분이기 때문이다. 우리 가족 역시 초반에는 내가 기러기 생활을 했다. 이것이 가장 일반적인 경우라 할 수 있다. 따라서 부모님 두 분 모두 함께하지 못한다고 해서 낙담할 필요는 전혀 없다.

또한 혼자 유학을 가야 한다고 해서 겁먹을 필요도 없다. 물론 외로움을 더 느낄 수도 있지만, 비슷한 처지의 친구들이 많아 의지할 수 있는 사람이 생각보다 많다. 오히려 홀로 유학 와서 정서적으로 더 안정된 학생도 있었다.

그 학생은 이혼 가정에서 자랐다. 부모님 어느 한쪽에서라도 사랑을 듬뿍 받았으면 좋았겠지만, 두 분 모두 너무 바빠 그럴 기회가 없었다. 결국 그 학생에게 가장 외로운 곳은 집이었다. 집안 분위기가 좋지 않아 학교에서도 소극적으로 변했고, 말수가 점점 줄어들었다. 집에서도 학교에서도 언제나 혼자였고 외로웠다. 모든 것을 새롭게 바꾸고 싶었던 그 학생은 유학을 꿈꿨다. 아이비리그 대학이나 미국 드라마 속 낭만적인 생활을 동경해서가 아니라, 그저 새로운 곳에서 새롭게 시작하고 싶은 마음뿐이었다고 했다. 어떻게 보면 도피성 유학일 수도 있었다.

하지만 그렇게 캐나다에 온 그 학생은 한국에서와는 비교도 할 수 없을 정도로 건강한 아이가 되었다. 유학원 원장님에게 진심을 털어놓고 함께 울고 웃으며 부모님의 사랑을 간접적으로 느꼈고, 이미 그 길을 걸어온 형, 누나들의 보살핌을 받으며 점차 웃음을 되찾았다고 말했다.

그러니 이상적인 가족 형태에만 집착할 필요는 없다. 분명 좀 더 나은 선택은 있을 수 있지만, 정답이라고 딱 떨어지는 것은 없다. 우리 가족의 여건과 나의 상황, 그리고 나의 성향을 종합적으로 고려하는 것이 가장 중요하다.

⑦ 비용

유학 비용은 천차만별이다. 유학하는 국가에 따라 다르고, 사립학교에 갈지 공립학교에 갈지에 따라서도 달라진다. 또 얼마나 오래 유학할 것인지, 어디에서 먹고 자는지에 따라서도 비용 차이가 크다. 그래서 유학 비용을 딱 얼마라고 말하는 것은 불가능할 뿐더러, 오히려 그렇게 단정 짓는 것이 적절하지 않다. 앞서 유학원 파트에서 말씀드린 것처럼, 여러 유학원과 상담하며 각자의 상황에 맞는 비용을 꼼꼼히 계산하는 것이 가장 현명한 방법이다.

다만 한 가지 꼭 말씀드리고 싶은 점은, 유학을 너무 간절히 원하다 보니 (반드시 유학하러 가기 위해) 비용을 지나치게 줄이려 해서는 안 된다는 것이다.

한국에도 학업 분위기가 좋은 동네가 있는 반면, 속된 말로 '질이 떨어지는' 동네가 있듯, 어느 나라든 공부하기 좋은 지역과 그렇지 않은 지역이 있다. 비용이 부족하다고 억지로 비용에 맞춰 비교적 환경이 좋지 않은 지역으로 유학을 가는 것은 전혀 권하지 않는다. 유학원 원장님도 그런 선택을 말리셨다.

"유학은 정답이 아닙니다. 무리해서 유학에 올 필요는 절대 없어요. 유학을 온다고 해서 마법처럼 영어가 잘하게 되는 일은 없습니다. 오히려 영어권 국가는 한국보다 총기나 마약에 더 쉽게 노출될 수 있어, 더 위험할 수도 있어요. 그런 바에는 한국에서 열심히 공부하다가 대학생 때 유학하는 것이 훨씬 낫습니다."

이 말씀을 듣고 깊이 공감했다. 무리한 유학은 한국에서 공부하는 것보다 못하다. 그러니 유학 비용을 반드시 꼼꼼히 따져봐야 한다. 만약 평균적인 유학 비용을 감당할 수 없다면, 유학이 무조건 좋은 선택인지 진지하게 고민해 보길 권한다.

Q3. 유학 가서 파티할래요!

유학을 꿈꾸는 학생들 중에는 일종의 환상을 품는 경우가 있다. 바로 유학에 대한 환상이다.

마당에 수영장이 딸린 큰 집에서 친구들과 샴페인을 마시며 매주 파티를 즐긴다거나, 처음 보는 친구들과도 금세 친해져 유쾌한 유학 생활을 누리는 모습이다. 그렇다고 학업을 놓치지도 않는다. 낮에는 대학 캠퍼스에서 친구들과 열띤 토론을 벌이고, 자유로운 수업 분위기 속에서 교수님과 학구적인 대화를 나눈다. 힘들면 푸르게 빛나는 캠퍼스에 앉아 편안히 쉬기도 한다.

이런 모습은 대개 미국 드라마에서 볼 법한 환상일 뿐이다. 물론 파티 문화가 존재하지만, 매번 파티가 열리는 것은 아니다. 드라마에 나오는 파티는 개인이 여는 경우가 많은데, 실제로 개인이 주최하는 파티 자체가 매우 드물다. 현실에서 경험할 수 있는 파티는 주로 학교에서 열리는 졸업 파티 정도가 대부분이다. 따라서 중고등학생이 파티에 대한 환상을 품고 유학을 오면 실망하기 쉽다.

또 한 가지 냉정한 현실은 백인 친구들을 사귀는 일이 생각보다 쉽지 않다는 점이다. 인종차별 때문이 아니다. 오히려 인종차별 문제에 대해서는 한국 사람들이 생각하는 것보다 훨씬 엄격하게 다룬다.

실제로 캐나다에 온 지 얼마 안 된 한국 학생이 흑인 학생과 다툼을 벌였고, 흥분한 나머지 인종 비하 발언인 'N' 단어를 사용했다가 한 마디만으로도 퇴학당한 사례가 있다. 이처럼 인종차별 문제는 매우 엄격하게 다뤄져, 공식적인 인종차별은 거의 없다고 봐도 무방하다. 실제로 인종차별로 느껴지는 대부분은 '의사소통에서 오는 오해'에 기인한다.

그럼에도 백인 친구를 사귀지 못하는 것은 오히려 자연스러운 일이다.

가장 큰 이유는 언어 차이 때문이다. 백인 아이들은 원어민이고, 그들만 사용하는 은어가 있다. 한국어로 치면 '쩐다', '어쩔티비' 같은 말들인데, 이런 말들은 사전에 없고 또래가 아니면 잘 모른다. 어느 문화권에나 이런 은어가 있기 때문에 소통이 더욱 어렵다.

게다가 현지 아이들이 유학생들을 일일이 챙겨줄 이유도 없다. 유학생은 현지 아이들에게 많은 전학생 중 한 명일 뿐이기 때문이다. 그래서 유학생들은 자연스레 다른 나라에서 온 유학생들과 친구가 되는 경향이 있다. 적어도 유학생끼리는 유학생이라는 동질감이 있고, 영어가 부족한 것을 서로 이해하기 때문이다.

실제로 아주 어린 나이에 와서 원어민처럼 영어를 하는 학생들은 백인 친구가 많지만, 상대적으로 늦게 온 학생들은 백인 친구가 적은 편이었다.

그러니 만약 백인 친구들과 친해지고 그들의 문화를 함께하고 싶다면, 영어를 열심히 배우고 적극적으로 다가가야 한다. 가만히 앉아 '나는 너의 친구야'라고 다가와 주기를 기다려서는 안 된다.

Q4. 외국은 대학 가기 쉽잖아요? 놀면서 대학 가고, 그때 가서 잘할게요!

만약 공부량이 적을 거라고 생각하고 유학을 온다면 꽤 당황할 것이다. 물론 캐나다 같은 경우, 학교 수업이 오후 3시면 끝나기 때문에 한국 학생들에 비해 자유 시간이 훨씬 많다. 그래서 공부량이 적다고 느끼기 쉽다.

하지만 엄밀히 말하면, '학교에 붙들려 있거나 학원에 다녀야 한다'는 압박감이 없을 뿐, 공부량 자체가 한국보다 절대 적은 것은 아니다. 오히려 영어를 추가로 배우느라 공부량이 더 많다고 느끼는 학생도 있다. 그러니 일류 대학 진학을 목표로 유학을 온다면, 한국에서보다 더 많이 공부하겠다는 각오가 필요하다.

물론 한국처럼 혹은 그 이상으로 무조건 많이 공부해야 한다면 굳이 유학할 이유가 없을 것이다. 내가 말하고 싶은 건 '노력의 양'이 아니라 '노력의 방향성'이다. 한국 교육 시스템 아래에서는 학생들의 목표가 흔히 'SKY 대학'으로 한정된다. 그게 목표가 되니 공부에 흥미 없는 아이들은 아예 노력을 하지 않게 된다.

하지만 현실은 어떨까? 예를 들어, 최근 한국에는 필라테스 열풍이 불면서 많은 필라테스 강사들이 생겼다. 그 강사들이 SKY 대학 필라테스 학과를 나온 게 아니다. 성인이 되어 자신의 적성을 찾고 진로를 결정한 것이다. 캐나다에서는 이런 과정을 중고등학교 때부터 체계적으로 경험할 수 있다.

인규가 골프를 배울 때의 일이었다. 인규의 코치님과 대화할 기회가 있었는데, 그 당시 코치님의 말씀이 이랬다.

"골프로 대학 갈 수 있어요. 골프에 관심 있고 운동 신경 좋은 친구들은 골프로 대학 많이 갑니다. 그리고 졸업 후 골프

코치로 일하기도 하고요."

한국에서 운동은 엘리트의 영역이었다. 운동부 학생들은 새벽부터 운동하고 수업 시간에는 피곤해 자기도 한다. 점심, 저녁, 야간까지 계속 운동해야 하니, 운동으로 진로를 정한다는 건 엘리트 선수 코스를 밟는 것과 거의 같다.

하지만 캐나다는 다르다. 꼭 전국 1등을 할 필요는 없다. 열심히 실력을 키워 남을 지도할 정도만 되어도 충분하다. 엘리트가 아니어도 된다. 그래서 많은 캐나다 학생들이 공부가 아닌 골프, 수영, 하키, 악기, 밴드 등 다양한 분야로 대학에 진학하고 진로를 정한다.

결국, '편하게 놀면서 대학에 가겠다'는 생각으로 유학을 온다면 실망하고 실패할 확률이 높다. 반면, 한국의 경직된 교육 환경을 벗어나 다양한 기회를 경험하며 최선을 다하겠다는 마음가짐이라면 유학을 적극 추천한다.

Q5. 유학에서 겪는 리얼 스토리를 들려주세요.

드라마나 영화 속 유학 생활은 종종 현실과는 거리가 있다. 유학원을 찾아가도 진짜 유학의 속살을 들려주는 경우는 드물다. 그들이 말하는 '현실'이란 고작해야 공부, 진로, 외로움, 집세, 생활비 등에 국한되어 있다. 물론 모두 중요한 요소임에 틀림없지만, 그보다도 간과하기 쉬운 또 하나의 중요한 것이 있다. 바로 '문화'다. 유학을 결정했다면, 그 나라의 교육 제도만큼이나 생활 문화를 깊이 이해할 필요가 있다.

예를 들어, 캐나다에서는 불 사용이 매우 제한적이다. 가스레인지를 켜려면 반드시 보호자가 있어야 한다. 한국에서는 초등학생도 라면 하나쯤은 끓여 먹지만, 캐나다에서는 상상하기 어려운 일이다. 라면이 그리워 조심스레 냄비를 올려보려다, 처음엔 당황하거나 주의를 받는 일도 생긴다. 이는 캐나다의 주택 구조와 관련이 깊다. 대부분이 목조로 지어진 집들이기 때문에 화재에 특히 취약하며, 그만큼 불 사용에 대해 민감할 수밖에 없다.

물 사용도 마찬가지다. 부주의하게 물을 틀거나 넘치게 두면 집에 손상을 입힐 수 있기 때문에 조심해야 한다. 이런 세세한 생활 습관까지도 결국은 문화다. 유학은 단순히 국경을 넘어 공부하는 것이 아니라, 새로운 삶의 방식 안으로 걸어 들어가는 일이다.

따라서 유학을 준비하고 있다면, 반드시 그 나라의 현실적인 문화와 생활 방식을 먼저 살펴보는 것이 좋다. 요즘은 인터넷 정보도 풍부하니, 마음만 먹으면 얼마든지 생생한 정보에 접근할 수 있다. 그저 비행기 티켓을 끊기 전에, 그 땅의 공기와 습관을 미리 상상해보는 시간—그것이야말로 성공적인 유학의 시작일 것이다.

2. 유학을 꿈꾸는 학부모님들에게

Q1. 유학 간 우리 아들, 딸. 잘하겠죠?

앞서 말씀드린 대로, 아이의 유학길에는 최소한 부모 중 한 명이 동행하는 것이 가장 좋다. 하지만 현실적으로 그렇지 못한 경우도 있다. 그런 상황이라면 부모는 반드시 아이에게 더욱 세심하게 신경 써야 한다. 유학을 보냈다고 해서 모든 일이 끝나는 것이 아니기 때문이다.

유학원 원장님의 말씀에 따르면, 부모들이 흔히 하는 가장 큰 착각 중 하나는 '유학을 보냈으니 이제 알아서 잘 자랄 것'이라는 믿음이다. 하지만 오히려 한국에서 함께 있을 때보다 더 큰 정성과 관심으로 아이를 돌봐야 한다.

부모와 떨어진 아이는 이전에 느껴보지 못한 자유로움을 경험한다. 이때 아이를 올바른 길로 안내하지 못하면 잘못된 길로 빠질 가능성이 높다. 최악의 경우는 추방이다. 가끔씩 유학생 중에서 실제로 추방당하는 경우도 분명히 있다. 대체로 이런 흐름이다.

한국에서 말썽만 부리던 아이를 영어라도 잘하게 하겠다는 생각에 유학길에 올려보낸다. 부모는 아이가 해외에 간 뒤 마음을 놓는다. 하지만 영어가 서툰 아이는 수업에 흥미를 느끼지 못했고, 운 좋게도 학교가 일찍 끝나면 주로 한인 타운에서 비슷한 또래 한국인 친구들과 어울렸다. 원래 공부에 흥미가 없던 아이가 유학 왔다고 갑자기 공부에 빠질 리 없다. 그렇게 공부에 관심 없는 친구들끼리 무리를 지었다. 한국에서는 학교에 묶여 있었지만, 유학 온 뒤로는 해가 떠 있을 때부터 놀 수 있었고, 잔소리하던 부모도 없었다. 점점 그렇게 자유롭게 노는 생활에 익숙해졌다.

그러던 어느 날, 먼저 유학 온 영어가 유창한 친구가 무언가를 보여줬다. 바로 대마초였다. 한국에서는 연예인 관련 뉴스에서나 보던 물건이었지만, 그 친구는 이곳에서는 합법이라며 말했다. 호기심이 생겼고, 조금씩 자신도 모르게 선을 넘기 시작했다.

이 이야기는 가상의 사례다. 하지만 유학 경험이 있는 사람이라면 충분히 있을 법한, 어쩌면 너무 익숙한 이야기다. 제대로 관리되지 않은 유학생의 최악의 스토리라 할 수 있다.

그러니 부모님들은 아이를 유학 보내기로 결심했다면, 반드시 한국에 있을 때보다 훨씬 더 신경 쓰겠다고 굳게 다짐해야 한다. 아이가 외롭다고 전화를 걸면 절대로 소홀히 받아서는 안 되고, 무작정 다그쳐서도 안 된다. 낯선 땅에서 온몸으로 부딪치고 있는 사람은 바로 그 아이이기 때문이다.

반면에 지나치게 열정적인 부모도 있다. 아이에게 온 신경이 집중된 나머지 현지 유학원 원장님과의 소통이 원활하지 않은 경우도 종종 발생한다.

"물론 아이 부모님의 의견이 가장 중요하지만, 현지에서 아이를 직접 돌보는 보호자는 저희입니다. 소통이 막히면 아이가 누구 말을 들어야 할지 몰라서 혼란스러워합니다."

예를 들어, 아이가 학교에서 겪은 안 좋은 일을 한국 부모에게 이야기한 뒤, 현지 유학원 원장님과 함께 문제를 해결해야 하는데, 어떤 부모는 "아이와 다 얘기했으니 이제 신경 쓰지 말라"고 일방적으로 통보하기도 한다. 이런 소통의 단절은 나중에 더 큰 문제로 이어질 수 있다.

그래서 거듭 강조하지만, 유학원을 선택할 때는 매우 신중해야 한다. '내가 믿고 맡길 수 있는 유학원'이라는 확신이 들 때까지 여러 곳을 꼼꼼히 살펴야 한다. 가장 좋은 방법은 부모가 아이와 마음만 나누고, 현실적 훈육과 조언은 현지 유학원 원장님에게 맡기는 것이다. 그래야 아이는 심리적 위로를 받으면서 자신의 잘못을 돌아보고 성장할 수 있다. 이렇게 유학원 원장님과 긴밀히 소통하며 아이에게 혼란을 주지 않고 보호하는 것이 유학 성공의 지름길이다. 만약 믿고 맡길 수 있는 유학원을 찾지 못했다면, 유학 자체를 다시 한번 진지하게 고민해야 할 정도로 유학원 선택은 신중해야 한다.

또한 유학원 원장님은 아이에 관한 모든 것을 반드시 숨김없이 오픈해달라고 당부하셨다. 몸이든 마음이든 아픈 아이가 분명히 있다. 이를 치부라고 생각해 숨기는 경우가 있는데, 그러다가는 큰 사고가 일어날 수도 있다. 특히 복용하는 약이 있다면 반드시 알려야 한다. 국가별 의료 체계가 다르기에 미리 대비하지 않으면 응급 상황에 제대로 대처하지 못하기 때문이다. 그러니 아이에 대해 모든 것을 솔직히 알리는 것이 매우 중요하다.

아이에 관한 모든 것을 오픈하고, 믿고 맡길 수 있는 유학원을 찾으며, 비록 멀리 떨어져 있어도 아이에게 한결같은 마음을 쏟겠다는 부모의 다짐이 무엇보다 필요하다.

Q2. 우리 애 영어 잘하는데, 유학 생활 문제없겠죠?

만약 아이의 유학을 고민하고 있다면 반드시 해야 할 교육이 하나 있다. 바로 경제 교육이다. 물론 영어 실력도 중요하다. 영어를 잘하면 친구를 사귀는 데 훨씬 수월해지고, 그만큼 유학 생활의 질도 좋아진다. 하지만 경제 교육이 제대로 되어 있지 않다면, 오히려 뛰어난 영어 실력이 독이 될 수도 있다.

특히 용돈이 넉넉한 아이들에게는 경제 교육이 필수다. 캐나다는 우버 문화가 발달해 있어, 경제적으로 여유만 있다면 어디든 쉽게 놀러 다닐 수 있다. 여행을 다니며 새로운 문화를 체험하고 맛있는 것도 즐긴다. 여기까지는 좋다. 문제는 이런 생활이 일상이 될 수 있다는 점이다. 새로운 즐거움에 빠져 공부를 등한시하고 놀기만 하는 학생도 적지 않다. 한국에 있는 부모님에게는 '캐나다 물가가 비쌀 뿐'이라는 핑계를 대며 돈을 펑펑 쓰는 경우도 있다. 마음이 약하고 현지 사정을 잘 모르는 부모님들은 생활이라도 편해지라며 아이들에게 져주곤 한다. 하지만 그럴수록 아이의 유학 생활은 잘못된 방향으로 흐르게 된다.

따라서 유학 전에 반드시 아이에게 경제 교육을 시켜야 한다. 실제로 유학에 성공하는 아이들 대부분은 제한된 용돈을 받으며 생활한다. 경제적으로 여유로운 가정에서는 아이에게 신용카드를 쥐어주기도 하지만, 오히려 정해진 용돈으로 생활하는 아이들의 유학 성공률이 더 높다. 그러니 믿을 수 있는 유학원을 통해 아이가 정해진 용돈 내에서 생활하도록 관리하는 것이 유학 성공의 핵심이다. 펑펑 쓰면서 '할 거 다 하며' 성공하는 아이는 없다.

Q3. 캐나다 사교육은 어때요?

캐나다에도 사교육이 있다. 물론 한국처럼 공장형 학원 시스템은 아니다. 캐나다에서는 공부에 대한 욕심이 있을 때 개인이 선택해서 사교육을 받는 경우가 많다. 이때 주로 Tutor, 즉 가정교사를 불러서 사교육을 받는 방식이 일반적이다. 한국식으로 표현하자면 방문교사 시스템이라 할 수 있다.

유학생들도 여건이 된다면 Tutor를 통해 사교육을 받을 수 있다. 일반적으로 유학원에서 현지 Tutor들과 연계하고 있어서, 필요한 학생에게 적절한 Tutor를 소개해 준다. 그래서 어렵지 않게 Tutor와 공부할 수 있다.

또 다른 제도로는 관리형 유학원이 있다. 개인적으로 한국인 유학생들에게 가장 좋은 제도라고 생각한다. 앞서 잠깐 언급했던 것처럼 과거 한국의 하숙집과 비슷한 형태다. 유학원 원장님이 직접 아이들을 돌봐주고, 한국식 음식을 제공하며, 학생들은 서로 의지하면서 공부하는 공간이다. 특히 한국인 형, 누나들이 유학을 막 시작한 후배들을 도와주기 때문에 적응에 큰 도움이 되고, 자연스럽게 학업 성취도도 높아진다. 영어로 된 개념을 모국어인 한국어로 풀어 설명해 주는 점도 큰 장점이다.

이뿐만 아니라, 입시 전문 수업을 원하는 학생은 현직 교수님들이 진행하는 전문 수업을 들을 수도 있다. 보다 깊이 있는 교육이 필요할 때 좋은 선택이 될 수 있다.

특히 전문성을 갖춘 관리형 유학원은 대학 진학에서 끝나지 않고 대학 졸업 후 진로까지 지원해 준다. 실제로 그런 유학원 출신 학생들이 세계 각지에서 두각을 나타내며, 추천과 소개를 통해 다양한 진로로 나아가고 있다. 물론 형편없는 관리형 유학원도 있지만, 제대로 된 곳을 만난다면 대학 졸업 후 취업까지 성공적으로 마무리할 수 있다.

한국식 학원은 없지만, 공부에 뜻을 이루기에 충분한 교육 환경과 지원은 충분히 누릴 수 있다.

Q4. 유학 전, 반드시 확인할 체크리스트가 있을까요?

유학은 삶이 통째로 바뀌는 만큼 결코 단순화해서 말할 수 없다. 모든 방면에서 꼼꼼히, 현실적으로 따질수록 유학 성공률은 올라간다. 이번 장에서 말하는 모든 내용이 중요하다. 하지만 최소한 아래의 4가지라도 반드시 꼼꼼히, 그리고 현실적으로 고민했으면 좋겠다.

마음가짐

첫 번째로 점검해야 할 것은 '마음가짐'이다. 여기에는 부모와 아이 모두의 마음가짐이 포함된다. 때문에 아이와 반드시 진심을 다해 속 깊은 대화를 자주 나누어야 한다.

부모는 아이를 믿고 맡기겠다는 단단한 마음가짐이 필수다. 유학을 보내고 나서 마음이 흔들리거나 유학원과 소통이 원활하지 않으면 아이조차 혼란스러워진다. 그래서 믿을 만한 유학원을 꼼꼼히 골라, 그 유학원을 신뢰하는 마음가짐을 가져야 한다. 또한, 한국에 있을 때보다 더욱 세심하게 아이를 보살펴야 한다. 시차 때문에 새벽에 전화가 와도 아이와 마음을 나누고, 언제나 아이가 심적으로 의지할 수 있도록 연락을 꾸준히 이어가야 한다.

절대로 '도피 유학'은 해서는 안 된다. '도망쳐서 도착한 곳에 낙원은 없다'는 말처럼, 도피 유학은 얻을 것이 많지 않다. 유학이 정말 필요한지, 외롭고 힘든 타지 생활을 견딜 수 있을 만큼 간절한지 반드시 깊이 고민해야 한다.

아이가 가져야 할 마음가짐은 '자기 의지'와 '책임감'이다. 부모가 동행한다면 다행이지만, 그렇지 않다면 아이는 낯선 땅에서 스스로 서야 한다. 쉽지 않은 일인 만큼, 아이가 진정으로 유학에 대한 강한 의지와 책임감을 지니고 있는지 반드시 확인해야 한다.

시기

두 번째로 명확히 해야 할 것은 '시기'다. 여기서 말하는 시기는 유학을 떠나는 시기와 유학을 마치고 돌아오는 시기 모두를 포함한다.

유학을 떠나는 시기는 '1. 유학을 꿈꾸는 청소년에게' 부분에서 말했듯, 빠를수록 좋다. 빠를수록 발음과 언어 습득에 유리하기 때문이다. 영어를 원어민처럼 구사할 수 있으면 그 나라 문화에도 더 빨리 적응할 수 있다. 하지만 늦게 유학을 떠난다고 해서 학업 성취도가 떨어지는 것은 아니다. 목표가 단순히 '대학 진학'이 아니라 '아이의 꿈을 이루는 것'이라면 시기는 크게 중요하지 않다.

오히려 고등학생 때 진심으로 필요성을 느끼고 의지를 가진 학생들이 더 큰 성공을 거두는 경우가 많다. 그런 학생들은 대학에 가서도 꾸준히 노력해 의사나 변호사 등 원하는 직업을 갖는 경우가 많다. 그러니 유학 시기에 조급해하기보다, 유학이 정말 필요한지 깊이 고민하는 것이 중요하다. 자세한 내용은 '1. 유학을 꿈꾸는 청소년에게'를 참고하길 바란다.

'유학을 떠나는 시기'만큼 중요한 것이 '유학에서 돌아오는 시기'다. 유학에서 돌아오는 시기도 아이 성장 과정의 일부이기 때문이다. 예를 들어, 2년만 유학하려던 아이가 있었다. 처음엔 낯선 환경에 힘들었지만 점차 영어 실력이 늘고 현지에 적응해 친구도 사귀며 많은 추억을 쌓았다. 하지만 2년이 지나고 한국으로 돌아가야 할 시간이 다가오자, 아이는 다시 적응해야 한다는 이유로 돌아가기를 거부했다. 부모님은 이미 2년이라는 일정에 맞춰 계획을 세웠기에 쉽게 번복하기 어려운 상황이었다. 이럴 때 아이는 한국으로 돌아가야 할까?

유학원 원장님의 조언은 원래 계획대로 돌아가는 것이 낫다는 것이다. 아이가 실망하거나 거부할 수 있지만, 부모는 단호하게 아이의 유학 생활을 끝내고 귀국하도록 해야 한다. 처음 세운 계획을 지키는 것이 옳은 일이기 때문이다. 만약 아이의 요구에 못 이겨 계획에 없던 유학 연장을 허락하면, 모든 것이 꼬이고 언제

돌아올지 알 수 없게 되며 목표도 불분명해진다. 따라서 유학을 떠나기 전에 반드시 아이와 함께 돌아오는 시기를 명확히 약속하는 과정이 필수다.

학교 선정

세 번째로 확인해야 할 것은 아이가 다닐 학교다. 이때 특히 집중해서 살펴봐야 할 항목은 전체 학생 수, 실제 국제 학생 수, 실제 한국 학생 수, 그리고 학생들의 학업 성취도 등이다. 유학원에서 제공하는 자료는 참고용일 뿐, 반드시 직접 확인하는 노력이 필요하다. 학교 관계자나 재학생, 졸업생에게 문의하거나, 학교 공식 홈페이지를 방문해 정보를 확인하거나 메일을 보내는 등 가능한 모든 방법을 활용해야 한다. 유학원이 주는 자료가 오래되었거나 평균치를 기반으로 한 경우, 실제 학교 상황과 다를 수 있기 때문이다.

국제 학생과 한국 학생 수는 적을수록 좋다. 그래야 영어를 더 빨리 익히고, 영어권 문화에 빠르게 적응할 수 있기 때문이다. 또한 한인 타운 인근은 되도록 피하는 것이 좋다. 유학 생활 중 듣게 되는 여러 사건·사고 중 상당수가 한인 타운에서 발생하는 경우가 많기 때문이다. 따라서 최대한 국제 학생이 많고 한인 밀집 지역과 거리가 먼 학교를 선택하는 것이 여러 면에서 바람직하다.

비용 역시 '1. 유학을 꿈꾸는 청소년에게'에서 언급했듯, 유학 국가, 학교, 시기, 거주지, 거주 방식, 생활비 등에 따라 천차만별이다. 따라서 비용을 한마디로 정의하기는 어렵다.

하지만 꼭 강조하고 싶은 점은, 유학에 대한 욕심 때문에 비용을 무리하게 줄여 평균 이하로 맞추려 하는 것은 절대 금물이라는 것이다. 비용을 무리하게 낮추면 상대적으로 '교육 환경이 좋지 않은 동네'에 머물게 될 가능성이 크다. '좋지 않은 동네'란 쉽게 말해, 학업에 적합하지 않은 환경을 뜻한다. 그런 곳에서 억지로 유학하는 것보다, 한국에서 차근차근 공부해 대학생이 된 뒤 유학을 떠나는 편이 훨씬 낫다. 잘못된 유학 선택으로 인생이 꼬이는 사례는 많지만, 한국에서 열심히 공부해 실패하는 경우는 드물기 때문이다. 유학도 공부의 한 방법일 뿐, 반드시 정답은 아니다.

또한 좋은 지역으로 유학을 가더라도 아이가 친구들과 생활 수준을 맞추지 못한다면, 그 역시 문제다. 따라서 유학 희망 국가와 학교, 거주 방식과 생활비 등을 꼼꼼히 따져보고 비용 부담이 크다면, 차라리 시기를 늦추는 것이 현명한 선택일 수 있다.

3. 유학 오세요. 아니, 오지 마세요.

마지막으로, 유학이 잘 맞아 좋은 결과를 낼 수 있는 학생과 반대로 유학을 했을 때 실패할 가능성이 높은 학생에 대해 이야기해 보겠다.

유학 꼭 오세요

가장 중요한 것은 성실함과 자제력, 그리고 스스로 외로움을 달랠 수 있는 능력이다. 유학에는 한국에서는 쉽게 경험하기 힘든 다양한 기회가 있지만, 분명한 장점만큼 분명한 단점도 있다. 바로 타지 생활에서 느끼는 외로움과, 그만큼 커지는 유혹이다. 따라서 외로움을 잘 견디고 유혹을 이겨내며 꾸준히 공부할 수 있어야 비로소 성공적인 유학 생활을 마칠 수 있다. 그러니 성실함과 자제력은 반드시 갖춰야 할 덕목이다.

창의적인 사고를 좋아하는 학생이라면 한국에서 공부하는 것보다 유학 생활이 더 잘 맞을 수 있다. 한국 교육은 다소 획일적이지만, 해외의 교육 체계는 상대적으로 다양하고 자유롭기 때문이다. 특히 캐나다의 경우 여러 프로그램이 활성화되어 있어 자기주도적이고 창의적인 활동을 즐기는 학생들이 유학 생활에서 높은 만족을 느꼈다.

마지막으로, 의외로 한국에서 노력에 비해 성과가 낮았던 학생들이 유학 후에 성공하는 사례가 많다. 유학원 원장님 말씀에 따르면, 이들은 전문적인 성적 관리와 컨설팅을 받으며 교과 성적이 크게 향상되고 공부에 재미를 붙여 성취감을 얻는 경우가 많다고 한다. 이후 이 학생들은 캐나다, 미국, 영국, 중국 등 다양한 대학에 진학하거나 필요에 따라 한국 대학에 진학하기도 한다. 한국 대학 진학 시 유학생 신분이 상대적으로 유리하게 작용하기 때문에, 성실하지만 노력 대비 성과가 낮은 학생이라면 전문 컨설팅이 가능한 유학을 고려하는 것도 좋은 방법이다.

유학 오지마세요

반면, 유학에 오면 안 되는 학생이나 가정이 있다면 바로 '관리가 어려운' 경우다. 앞서 말했듯이, 유학을 보냈다고 해서 모든 것이 끝난 것이거나, 아이가 알아서 잘할 거라 기대하는 가정은 유학에서 실패할 가능성이 훨씬 크다. 선인장 하나 키우더라도 적절한 햇빛과 물이 필요한데, 어떻게 아이가 타지에서 혼자서 잘 자랄 수 있겠는가?

따라서 유학 생활에 부모가 함께하지 못한다면, 최소한 한국에서라도 아이의 유학생활을 전폭적으로 지지하고 심리적으로 지원할 수 있어야 한다. 그렇지 못하다면, 유학은 차라리 가지 않는 편이 아이에게 더 나은 선택일 것이다.

부록

부록1. David Paik Trainer Profile
부록2. NSDA 캐나다 BC주 담당관과의 Q&A 대담
부록3. 밴쿠버 교육신문과 데이비드의 인터뷰 (2023.12.14)

부록1. David Paik Trainer Profile

David Paik

Georgetown University Class of 2029

Awards

NSDA Degree of Premier Distinction

Peak Ranking of 4th in the US for NSDA Points, 2nd for Public Forum, 1st in Canada

- 2023 Tournament of Champions Silver - Champion Team
- 2023 NSDA Canada National Qualifier - Finalist Team
- 2022 Spring Public Forum Awakening - 2nd Place Team
- 2021 Princeton Classic - Double Octofinalist Team
- 2021 Yale University Invitational - International Semifinalist Team
- 2021 Tournament of Champions Silver - International

Finalist Team
- 2020 NSDA China National – Octafinalist Team
- 2020 End of Semester Invitational – Champion Team, 5th Place Speaker
- 2020 Yale University HS Debate Invitational – 2nd Place Speaker, Octofinalist Team
- 2020 NSDA Vancouver Invitational– Quarterfinalist Team, 12th Place Speaker
- 2020 Harvard National Forensics Tournament – Triple Octofinalist Team
- 2020 Washington DC Debate League Championship – Champion Team
- 2020 PLU High School Speech and Debate Invitational – Spar Finalist
- 2019 NSDA China National Debate Tournament– Double Octofinalist team
- 2019 Seattle University Middle School Invitational – Champion Team, 1st Place Speaker
- 2019 Interlake HS Invitational – Semi Finalist Team, 2nd Place Editorial Commentary
- 2019 UBC Middle School – Semi Finalist team
- 2019 Harvard National Forensics Tournament – International

MS Champion Team
- 2019 Bellevue Middle School Invitational - Finalist Team, 3rd Place Speaker
- 2019 Kamiak Invitational- Champion Team, 5th Place Editorial Commentary, 2nd Place Speaker
- 2019 Spring San Diego Middle School Invitational - 4th Place Speaker
- 2018 Seattle University Middle School Invitational - Champion Team

Coaching Experience

BC Forensic League - 2019 ~ 2023

Yale Model UN Club - 2023 ~ 2025

Judging experience in 27 Local/National Circuit Tournaments

- Public Forum
- Parliamentary Debate
- Original Oratory
- Spar

부록2. NSDA 캐나다 BC주 담당관과의 Q&A 대담

본 대담은 National Speech and Debate Association(NSDA)의 캐나다 BC주 담당 관계자와 백영진이 진행하겠습니다.

백영진:

인규가 활동하고 있는 National Speech and Debate Association(NSDA)에 대해 먼저 소개해주시겠습니까?

관계자:

National Speech and Debate Association(NSDA)은 미국의 중·고등학생들을 위한 권위 있는 연설 및 토론 대회를 촉진하기 위해 1925년에 설립된 비영리 단체입니다. 학생들이 커뮤니케이션과 리더십 기술을 연마할 수 있도록 다양한 프로그램과 대회를 제공하며, 창의력과 비판적 사고력, 논리적 설득력을 기를 수 있도록 돕고 있습니다.

거의 100년에 가까운 역사 동안 NSDA는 학생들의 목소리를 강화하고, 전 세계 젊은이들이 지역 사회와 세상을 위한 더 나은 리더로 성장할 수 있도록 격려해왔습니다. 현재는 전 세계에서 가장 규모가 큰 토론 협회로 자리매김하고 있으며, 보다 자세한 정보는 NSDA의 공식 웹사이트나 위키백과 페이지를 통해 확인하실 수 있습니다. 공식 웹사이트나 위키백과 페이지를 참고하시면 됩니다.

백영진:
중·고등학교에서 일반적으로 운영되는 토론팀의 구조와, 학교에 팀이 없는 경우 학생들이 어떻게 참여하는지도 궁금합니다. 또한 NSDA의 랭킹 시스템에 대해서도 설명해주시겠어요?

관계자:
미국은 토론 교육이 매우 활성화되어 있으며, 많은 고등학교에서는 토론 수업이 정규 교과과정으로 채택되어 학점이 부여되기도 합니다. 각 학교마다 전담 토론 코치가 배정되어 체계적인 지도를 받을 수 있고, 대부분 학교에서 자체 토론팀을 운영하고 있습니다. 이는 미국 전역의 토론 저변 확대를 가능하게 하는 중요한 요인 중 하나입니다.
반면 캐나다는 상대적으로 토론 교육의 시스템화가 덜 되어 있습니다. 특히 공립학교의 경우 토론 수업이나 팀 운영이 부족한 편입니다. 다만 밴쿠버 웨스트, 웨스트 밴쿠버 등 사립학교가 밀집된 일부 지역에서는 한국의 '8학군'처럼 비교적 우수한 교육 환경이 마련되어 있어, 이들 학교에서는 전담 토론 코치가 배정된 팀을 운영하기도 합니다.

공립학교 학생들은 대부분 외부 학원이나 민간 토론 기관을 통해 수업을 받고, NSDA 대회에 참가하고 있습니다. NSDA는 미국 본부를 중심으로, 미국 50개 주를 비롯해 캐나다, 한국 등 전 세계 3,550여 개 학교와 약 134만 명의 학생이 멤버십으로 활동하고 있으며, 지금까지 졸업한 NSDA 동문만 해도 200만 명이 넘습니다.

이들 중에는 미국 대통령, 대법원장, 장관, 언론인, 아카데미 수상자 등 각계각층에서 활약하는 인물들이 다수 포함되어 있습니다. 한국계 인물로는 『파친코』의 저자 이민진 작가가 대표적인 NSDA 출신 인사입니다.

(참고: https://www.speechanddebate.org/notable-alumni/).
NSDA는 매년 시즌 종료 후 전 세계 회원 학교 중 상위 100위 이내의 토론팀을 공식적으로 발표하며, 개인 학생의 랭킹도 집계하여 공개합니다.

(참고:https://www.speechanddebate.org/press-releases/).
예를 들어, 백인규 학생은 2023년 12월 7일 기준으로 전 세계 약 13만 8천 명의 등록 학생 중 전체 18위, 최고 랭킹 8위를 기록하며 최상위권에 랭크되었습니다.
(참고: https://www.speechanddebate.org/rankings/)

백영진:

지난번 인규가 우승한 대회를 보면, NSDA가 주관하는 대회에는 총 12개의 세부 종목이 있는 것으로 보이는데요. 각 종목이 어떤 형식인지 설명해 주실 수 있을까요?

관계자:

백 인규 학생이 우승한 Tournament of Champions (이하 TOC) 대회는 National Speech & Debate Association (NSDA)에서 주관하는 미국 내 최고 권위의 디베이트 대회 중 하나로, 내셔널 규모의 다양한 종목들이 진행됩니다. 이 대회는 총 4개의 디베이트 이벤트와 8개의 스피치 이벤트로 구성되며, 예선과 본선을 거쳐 각 부문별 최종 우승자를 가립니다.

인규는 초등학교 6학년부터 NSDA의 다양한 이벤트에 참여해왔으며, NSDA 명예 협회의 최고 등급인 Premier Distinction에 도달하였습니다.

(참조: NSDA Honor Society)

디베이트 이벤트 (Debate Events)

Lincoln-Douglas Debate (링컨 더글러스 디베이트)
- 두 명의 토론자가 특정 가치나 제안에 대해 찬반 입장을 두고 일대일로 토론하는 형식입니다. 주로 철학적이고 윤리적인 주제를 다루며, 참가자들은 사전에 주어진 논제를 기반으로 자신만의 논리와 근거를 마련해 논쟁을 펼칩니다. 토론은 정해진 시간 동안 진행되며, 참가자들은 상대의 주장에 대해 반론하고, 자신의 입장을 더욱 강화하기 위해 논리적 사고와 설득력을 발휘해야 합니다.

Policy Debate (폴리시 디베이트)
- 팀당 두 명으로 구성된 두 팀이 특정 정책 제안에 대해 찬성 또는 반대 입장을 갖고 논쟁하는 토론 형식입니다. 참가자들은 사전에 주어진 정책 주제를 바탕으로 철저한 연구와 준비를 거쳐, 자신들의 입장을 뒷받침하는 논리적 주장과 명확한 증거를 제시합니다. 이 토론은 참여자의 분석력, 논리적 사고, 자료 활용 능력은 물론, 팀워크와 협상력까지 종합적으로 평가하는 좋은 기회가 됩니다.

Public Forum Debate (퍼블릭 포럼 디베이트)
- 두 명으로 구성된 두 팀이 사회적으로 이슈가 되는 시

사 문제를 주제로 토론하는 2:2 형식의 토론입니다. 참가자들은 찬반 입장 중 하나를 선택해 논리적 주장과 근거를 바탕으로 설득력 있게 논쟁을 펼칩니다. NSDA는 매년 여름, Public Forum Wording Committee를 통해 다음 시즌(9월 시작)에 사용할 월별 주제 후보 두 가지를 선정합니다. 이 후보들은 매년 6월 말, 내셔널 대회 종료 후 공개되며, 매월 마지막 주에 전국의 코치와 학생들이 선호도 투표를 진행하여, 더 많은 표를 얻은 주제가 다음 달의 공식 토론 주제로 최종 확정됩니다.

Congressional Debate (의회식 디베이트)
- 미국 의회의 입법 과정을 시뮬레이션하는 형식의 토론으로, 참가자들은 실제 의원처럼 모의 입법안을 작성하고 이에 대해 발언과 토론을 진행합니다. 각 토론자는 자신이 제출한 법안의 타당성과 필요성을 강조하며, 다른 참가자들의 지지를 얻기 위해 설득력 있는 연설을 펼쳐야 합니다. 이 이벤트는 공적 발언 능력, 비판적 사고, 설득력 있는 표현력, 그리고 협상 및 절충 능력을 종합적으로 평가하는 기회가 됩니다.

스피치 이벤트 (Speech Events)

Original Oratory (오리지널 오라토리)
- 참가자가 자신이 직접 작성한 원고를 바탕으로 연설을 준비하고 발표하는 이벤트입니다. 참가자는 자신이 선택한 주제에 대해 깊이 있는 연구와 분석을 바탕으로 독창적인 연설문을 구성하며, 이를 통해 청중을 설득하고 감동시킬 수 있는 능력을 겨룹니다. 이 이벤트는 연설 능력뿐 아니라 주제에 대한 이해도, 논리적 사고력, 설득력 있는 주장과 근거 제시 능력을 종합적으로 평가하는 좋은 기회가 됩니다.

Informative Speaking (인포매티브 스피킹)
- 참가자가 특정 주제에 대해 설명, 정의, 묘사하거나 시각 자료 등을 활용하여 정보를 전달하는 이벤트입니다. 이 연설의 주요 목적은 청중이 주제에 대해 보다 깊이 있고 명확한 이해를 얻도록 돕는 데 있습니다. 설득하거나 오락적인 요소를 포함하는 것이 필수는 아니며, 객관적이고 명료한 정보 전달에 초점을 둡니다. 참가자의 분석력, 표현력, 구성력이 고루 평가되는 종합적인 스피치 이벤트입니다.

Extemporaneous Speaking (엑스템포러니어스 스피킹)
- 참가자들이 제한된 준비 시간 내에 주어진 시사적 주제에 대해 즉흥적으로 연설을 준비하고 발표하는 이벤트입니다. 참가자들은 일반적으로 30분의 준비 시간 동안 자료를 수집·분석한 후, 구조화된 연설문을 구성하여 발표하게 됩니다. 이 이벤트는 참가자의 시사에 대한 이해도, 분석력, 논리적 사고, 표현 능력을 종합적으로 평가할 수 있는 좋은 기회가 됩니다.

해석 및 연기 중심 이벤트 (Interpretation Events)

Dramatic Interpretation (드라마틱 인터프리테이션)
- 연극적 표현을 통해 이야기를 전달하는 스피치 이벤트입니다. 참가자는 배경 음악이나 음향 효과를 활용하여 캐릭터의 감정적 여정을 생생하게 표현하며, 관객에게 현실감 있고 감동적인 경험을 선사합니다. 일정 시간 제한이 있으며, 주제는 사회 문제, 역사적 사건, 인종 및 성별 차별 등 다양한 이슈를 포함할 수 있습니다. 학생들은 자신에게 적합하고 의미 있는 작품을 선택하여 참여하게 됩니다.

Humorous Interpretation (휴머러스 인터프리테이션)
- 참가자들이 유머와 코미디를 활용하여 다양한 캐릭터와 이야기를 연기하는 능력을 겨루는 이벤트입니다. 참가자들은 이야기 전개에 맞춰 여러 캐릭터를 자연스럽게 연기하며, 청중에게 즐거움을 전달합니다. 이 이벤트는 참가자들의 연기력, 코미디 감각, 그리고 캐릭터 구성 능력을 종합적으로 평가하는 좋은 기회가 됩니다.

Duo Interpretation (듀오 인터프리테이션)
- 두 명의 참가자가 함께 협력하여 10분 동안 하나의 작품을 공연하는 이벤트입니다. 이 작품은 출판된 소설, 연극, 시트콤, 영화 등 다양한 매체를 기반으로 합니다. 참가자들은 무대 밖 일상생활을 중심으로 인물들의 감정과 환경을 여러 연기 기법으로 표현하며, 감정 전달과 팀워크를 특히 강조합니다. 참가자들은 긴밀히 협력하여 작품을 최대한 효과적으로 선보여야 합니다.

Program Oral Interpretation (프로그램 오럴 인터프리테이션)
- 10분 동안 시, 소설, 연극 등 여러 장르를 혼합하여 연기하는 이벤트입니다. 참가자들은 반드시 이 중 최소 두 가지 장르를 포함해야 하며, 원고 사용이 필수입니다. 이 이벤

트는 참가자들의 연기 능력, 캐릭터 구성 능력, 그리고 작품 주제에 대한 깊은 이해를 평가하는 좋은 기회가 됩니다.

Oral Interpretation (오럴 인터프리테이션)
- 참가자들이 문학 작품을 읽고 해석하여, 그 작품을 드라마틱하게 연기하는 능력을 겨루는 이벤트입니다. 참가자들은 자신이 표현할 문학 작품을 선정하고, 그 작품에 대한 해석과 연기 준비를 진행합니다. 이 이벤트는 참가자들의 표현력, 감정 전달 능력, 그리고 캐릭터 구성 능력을 평가하는 좋은 기회가 됩니다.

올해 시즌 학생들이 준비하고 토론할 후보 주제는 다음과 같습니다.

2023년 9~10월
- Resolved: The United States federal government should substantially increase its military presence in the Arctic.
  → 미국 연방 정부는 북극 지역에 군사력을 대폭 증강해야 합니다.

- Resolved: The benefits of European Union enlargement

outweigh the harms.
→ 유럽연합(EU) 확대의 이점이 그로 인한 부작용보다 큽니다.

2023년 11~12월

- Resolved: The United States federal government should forgive all federal student loan debt.
→ 미국 연방 정부는 모든 연방 학자금 대출 부채를 탕감해야 합니다.
- Resolved: On balance, the benefits of school choice programs in the United States outweigh the harms.
→ 종합적으로 볼 때, 미국의 학교 선택 프로그램은 해로움보다 이점이 더 큽니다.

2024년 1월

- Resolved: The United States federal government should repeal Section 230 of the Communications Decency Act.
→ 미국 연방 정부는 「통신품위법(Communications Decency Act)」 제230조를 폐지해야 합니다.
- Resolved: On balance, the benefits of the Chevron deference doctrine outweigh the harms.
→ 종합적으로 볼 때, '셰브론 존중 원칙'은 해로움보다 이점

이 큽니다.

2024년 2월

- Resolved: The Federative Republic of Brazil should prioritize its environmental protection over its economic development.
- → 브라질 연방공화국은 경제 발전보다 환경 보호를 우선시해야 합니다.
- Resolved: The United States federal government should ban single-use plastics.
- → 미국 연방 정부는 일회용 플라스틱 사용을 금지해야 합니다.

2024년 3월

- Resolved: In the United States, collegiate student-athletes should be classified as employees of their educational institution.
- → 미국에서는 대학 운동선수를 소속 교육기관의 직원으로 분류해야 합니다.
- Resolved: The United States federal government should restore the banking regulations of theDodd-Frank Act of 2010.

→ 미국 연방 정부는 2010년 제정된 「도드-프랭크법(Dodd-Frank Act)」의 은행 규제를 복원해야 합니다.

2024년 4월
- Resolved: The Republic of Korea should develop nuclear weapons.
→ 대한민국은 핵무기를 개발해야 합니다.
- Resolved: The United Nations should abolish permanent membership on its Security Council.
→ 유엔은 안전보장이사회 상임이사국 제도를 폐지해야 합니다.

2024년 전국 토너먼트(National Tournament)
- Resolved: The United States should establish a comprehensive bilateral trade agreement with the European Union.
→ 미국은 유럽연합(EU)과 포괄적인 양자 간 무역 협정을 체결해야 합니다.
- Resolved: On balance, the benefits of the EU-Mercosur free trade deal outweigh the harms.
→ 종합적으로 볼 때, EU-메르코수르(EU-Mercosur) 자유무역협정의 이점이 해로움보다 큽니다.

Public Forum Debate는 학생들의 논리적 사고력, 근거 제시 능력, 토론 기술, 협상력 등을 종합적으로 평가할 수 있는 훌륭한 교육적 기회입니다.

NSDA(National Speech & Debate Association)는 청소년들의 목소리에 귀 기울이며, 그들이 자유롭게 의견을 표현할 수 있는 플랫폼을 제공합니다. 그 활동의 정점은 매년 열리는 **전국 토너먼트(National Tournament)**에서 확인할 수 있습니다.

백영진:
자세한 설명 감사합니다. 저도 늘 TabRoom 사이트에서 인규의 대회 결과를 확인하면서 Public Forum 외의 다른 종목들도 어떤 형식인지 궁금했었는데, 덕분에 궁금증이 해소됐습니다.
최근 한국에서도 디베이트에 대한 관심이 높아지고 있습니다. 하지만 한국의 학교에는 전문적인 토론 클럽이 거의 없고, 미국이나 캐나다처럼 체계적인 전문 학원도 많지 않아 디베이트 교육을 접하기 쉽지 않은 환경입니다. 이런 상황에서도 디베이트 교육을 시도해 보고 싶은 학생이나 학부모님들께 추천해 주실 방법이나 팁이 있을까요?

관계자:

일반적으로 디베이트 준비 과정은 다음과 같은 순서로 진행됩니다.

1. 주제가 정해지면
2. 관련 자료를 조사하고
3. 자신의 의견을 논리적으로 구성한 뒤
4. 대회에 참여하여 상대 팀의 주장에 대응하며 토론을 벌입니다.

1.디베이트 대회에서는 매 시즌마다 다양한 주제가 주어지며, 이 주제들은 공식 홈페이지에 공개되어 있습니다. 따라서 어떤 주제들이 있었는지 살펴보는 것은 디베이트를 준비하는 데 큰 도움이 됩니다. 아래는 인규가 디베이트를 처음 시작했던 시점부터 TOC에서 우승하기까지 참가했던 주요 대회들의 주제입니다.

주요 Public Forum Debate 주제 (2017-2023)

2017-2018 시즌

2017년 9~10월

- Resolved: Deployment of anti-missile systems is in South Korea's best interest.
- → 대(對)미사일 시스템의 배치는 한국의 이익에 가장 부합

합니다.

2017년 11월

- Resolved: The United States should require universal background checks for all gun sales and transfers of ownership.
- → 미국은 모든 총기 판매와 소유권 이전에 대해 보편적인 신원 조사를 요구해야 합니다.

2017년 12월

- Resolved: NCAA student athletes ought to be recognized as employees under the Fair Labor Standards Act.
- → NCAA 학생 선수들은 공정노동기준법에 따라 직원으로 인정되어야 합니다.

2018년 1월

- Resolved: Spain should grant Catalonia its independence.
- → 스페인은 카탈루냐의 독립을 인정해야 합니다.

2018년 2월

- Resolved: The United States should abolish the capital gains tax.

→ 미국은 양도소득세를 폐지해야 합니다.

2018년 3월

- Resolved: On balance, the current Authorization for Use of Military Force gives too much power to the president.
→ 현재의 군사력 사용 권한은 대통령에게 너무 많은 권한을 주고 있습니다.

2018년 4월

- Resolved: The United States federal government should increase its quota of H-1B visas.
→ 미국 연방정부는 H-1B 비자 쿼터를 늘려야 합니다.
   (H-1B: 비이민 전문직 취업비자)

2018년 전국대회 (Nationals)

- Resolved: On balance, the benefits of United States participation in the North American Free Trade Agreement outweigh the consequences.
→ 종합적으로 볼 때, 미국이 북미자유무역협정에 참여함으로써 얻는 이점이 결과보다 큽니다.

2018-2019 시즌

2018년 9~10월

- Resolved: The United States should accede to the United Nations Convention on the Law of the Sea without reservations.
→ 미국은 유엔해양법협약에 무조건 가입해야 합니다.

2018년 11~12월

- Resolved: The United States federal government should impose price controls on the pharmaceutical industry.
→ 미국 연방정부는 제약산업에 가격통제를 가해야 합니다.

2019년 1월

- Resolved: The United States federal gove rnment should prioritize reducing the federal debt over promoting economic growth.
→ 미국 연방정부는 경제성장 촉진보다 연방채무 감소를 우선해야 합니다.

2019년 2월

- Resolved: The United States should end its arms sales to

Saudi Arabia.
→ 미국은 사우디아라비아에 대한 무기 판매를 중단해야 합니다.

2019년 3월
- Resolved: The United States should promote the development of market rate housing in urban neighborhoods.
→ 미국은 도시 지역 임대주택 개발을 촉진해야 합니다.

2019년 4월
- Resolved: The United Nations should grant India permanent membership on the Security Council.
→ 유엔은 인도에 안보리 상임이사국 자격을 부여해야 합니다.

2019년 전국대회 (Nationals)
- Resolved: The United States federal government should enforce antitrust regulations on technology giants.
→ 미국 연방정부는 거대 기술기업에 대한 반독점 규제를 시행해야 합니다.

2019-2020 시즌

2019년 9~10월

Resolved: The European Union should join the Belt and Road Initiative.
→ 유럽연합은 일대일로 이니셔티브에 참여해야 합니다.

2019년 11~12월

- Resolved: The benefits of the United States federal government's use of offensive cyber operations outweigh the harms.
→ 미국 연방정부의 공격적 사이버 작전의 이익이 피해보다 더 큽니다.

2020년 1월

- Resolved: The United States should end its economic sanctions against Venezuela.
→ 미국은 베네수엘라에 대한 경제 제재를 끝내야 합니다.

2020년 2월

- Resolved: The United States should replace means-tested welfare programs with a universal basic income.

→ 미국은 자산 조사에 따른 복지를 보편적 기본소득으로 대체해야 합니다.

2020년 3월
- Resolved: The United States should increase its use of nuclear energy for commercial energy production.
→ 미국은 상업적 에너지 생산을 위해 원자력 에너지 사용을 늘려야 합니다.

2020년 4월
- Resolved: The United States should remove nearly all of its military presence in the Arab States of the Persian Gulf.
→ 미국은 페르시아만 아랍국가 주둔 군사력을 거의 전부 철수해야 합니다.

2020년 전국대회 (Nationals)
- Resolved: On balance, charter schools are beneficial to the quality of education in the United States.
→ 종합적으로 볼 때, 차터 스쿨은 미국 교육 질에 도움이 됩니다.
(차터 스쿨: 공적자금을 지원받아 설립된 학교)

2020-2021 시즌

2020년 9~10월

- Resolved: The United States federal government should enact the Medicare-For-All Act of 2019.
- → 미국 연방정부는 2019년 발의된 메디케어 포 올 법안을 제정해야 합니다.

2020년 11~12월

- Resolved: The United States should adopt a declaratory nuclear policy of no first use.
- → 미국은 선제 핵무기 사용을 포기하는 선언적 핵 정책을 채택해야 합니다.

2021년 1월

- Resolved: The National Security Agency should end its surveillance of U.S. citizens and lawful permanent residents.
- → 국가안보국(NSA)은 미국 시민과 합법적 영주권자에 대한 감시를 중단해야 합니다.

2021년 2월

- Resolved: On balance, the benefits of urbanization in West Africa outweigh the harms.
→ 전반적으로 볼 때, 서아프리카의 도시화는 해악보다 이익이 더 큽니다.

2021년 3월
- Resolved: On balance, the benefits of creating the United States Space Force outweigh the harms.
→ 모든전반적으로 볼 때, 미국 우주군 창설은 해악보다 이익이 더 큽니다.

2021년 4월
- Resolved: The benefits of the International Monetary Fund outweigh the harms.
→ 국제통화기금(IMF)은 해악보다 이익이 더 큽니다.

2021년 전국대회 (Nationals)
- Resolved: In the United States, social media is beneficial for democratic values.
→ 미국에서 소셜미디어는 민주적 가치에 도움이 됩니다.

2021-2022 시즌

2021년 9~10월

- Resolved: The North Atlantic Treaty Organization should substantially increase its defense commitments to the Baltic states.
- → 북대서양조약기구(NATO)는 발트 3국에 대한 방위 공약을 대폭 강화해야 합니다.

2021년 11~12월

- Resolved: Increased United States federal regulation of cryptocurrency transactions and/or assets will produce more benefits than harms.
- → 암호화폐 거래 및 자산에 대한 미국 연방정부의 규제가 증가하면 해악보다 더 많은 이익을 창출할 것입니다.

2022년 1월

- Resolved: The United States federal government should legalize all illicit drugs.
- → 미국 연방정부는 모든 불법 마약을 합법화해야 합니다.

2022년 2월

- Resolved: On balance, Turkey's membership is beneficial to the North Atlantic Treaty Organization.
→ 전반적으로 볼 때, 튀르키예의 NATO 가입은 도움이 됩니다.

2022년 3월
- Resolved: In the United States, the benefits of increasing organic agriculture outweigh the harms.
→ 미국에서 유기농 농업 확대는 해악보다 이익이 더 큽니다.

2022년 4월
- Resolved: Japan should revise Article 9 of its Constitution to develop offensive military capabilities.
→ 일본은 헌법 제9조를 개정하여 공격적인 군사력을 강화해야 합니다.

2022년 전국대회 (Nationals)
- Resolved: The United States should establish a comprehensive bilateral trade agreement with Taiwan.
→ 미국은 대만과 포괄적인 양자 무역 협정을 체결해야 합니다.

2022-2023 시즌

2022년 9~10월

- Resolved: The United States Federal Government should substantially increase its investment in high-speed rail.
→ 미국 연방정부는 고속철도에 대한 투자를 대폭 확대해야 합니다.

2022년 11~12월

- Resolved: The United States' strategy of Great Power Competition produces more benefits than harms.
→ 미국의 강대국 경쟁 전략은 해악보다 이익이 더 큽니다.

2023년 1월

- Resolved: The United States Federal Government should increase its diplomatic efforts to peacefully resolve internal armed conflicts in West Asia.
→ 미국 연방정부는 서아시아의 내부 무력 분쟁을 평화적으로 해결하기 위한 외교적 노력을 강화해야 합니다.

2023년 2월

- Resolved: In the United States, right-to-work laws do

more harm than good.
→ 미국에서 노동권법은 득보다 실이 많습니다.

2023년 3월
- Resolved: The Republic of India should sign the Artemis Accords.
→ 인도 공화국은 아르테미스 협정에 서명해야 합니다.

2023년 4월
- Resolved: The United States Federal Government should ban the collection of personal data through biometric recognition technology.
- 미국 연방정부는 생체인식 기술을 통한 개인정보 수집을 금지해야 합니다.

2023년 전국대회 (Nationals)
- Resolved: The United States should adopt ranked-choice voting for its federal elections.
- 미국은 연방 선거에서 순위 선택 투표제를 도입해야 합니다.

2. 아이들이 토론을 시작하면 자료 조사 방법을 익히게 됩니

다. 먼저 키워드를 선택한 후 검색 엔진을 활용하여 자료를 찾고, 이를 분석하여 논리적인 주장을 구성합니다. 이와 같은 과정을 통해 아이들은 다양한 정보에 접근하고 논리적으로 생각하는 능력을 갖추게 될 것입니다. 이렇게 토론을 위한 자료조사를 진행하면 아이들은 더욱 풍부한 정보와 논리적인 주장력을 갖추게 될 것입니다.

3. 자신의 생각을 논리적으로 전개하는 능력을 길러야 합니다. 주장을 명확히 전달하고 논리적인 이유를 제시해야 합니다. 때로는 감정적 요소를 활용하여 설득력 있는 이야기를 전달할 수도 있지만, 이는 논리와 함께 사용되어야 합니다.

4. 토론 단계에서는 의견을 개진하는 것만큼 상대방의 주장을 경청하는 것이 중요합니다. 아키라와 백 인규를 예로 들겠습니다. 아키라와 백 인규는 토론 스타일이 다릅니다. 이러한 차이점은 그들의 큰 장점이라고도 말할 수 있습니다. 아키라는 경청의 중요성을 강조하는 토론 스타일을 가지고 있습니다. 그는 다른 의견을 존중하고 이해하려는 자세를 갖고 있으며, 상대방의 주장을 신중하게 듣고 분석합니다. 이를 통해 그는 토론에서 새로운 관점을 발견하고, 더 나은 결론을 도출하는 데 도움을 줍니다.

반면에 백 인규는 비판하는 토론에 임하는 자세를 가지고 있습니다. 그는 상대방의 주장을 비판적으로 분석하고, 문제점이나 부족한 점을 찾아내려고 합니다. 이를 통해 그는 토론에서 논리적인 결함을 발견하고, 보다 탄탄한 주장을 구축하는 데 기여합니다. 그의 비판적인 시각은 토론에 다양한 관점을 제공하며, 더 깊이 있는 토론을 이끌어냅니다.

아키라와 백 인규의 토론 스타일의 차이는 효과적인 팀워크를 가능하게 합니다. 그들은 서로의 강점을 존중하고 상호 보완하는 방식으로 토론에 임합니다. 아키라는 경청과 이해의 자세를 통해 다양한 의견을 수용하고, 백 인규는 비판적인 시각을 통해 주장을 검증하고 보완합니다. 이러한 협업은 더 나은 의사결정과 창의적인 아이디어를 도출하는 데 매우 큰 도움을 줍니다.

결론적으로, 아키라와 백 인규의 토론 스타일의 차이는 그들의 큰 장점입니다. 경청과 이해, 비판과 검증의 자세를 조화롭게 결합하여 토론에 다양성과 풍부함을 더해주고, 더 나은 결론과 아이디어를 도출할 수 있도록 합니다.

백영진:
흔히 토론을 통해 팀워크와 리더십을 기를 수 있다고 합니다. 구체적으로 어떤 원리로 그런 효과가 나타나는지 설명해 주시겠어요?

관계자:

토론 교육은 팀워크와 리더십을 향상시키는 데 매우 효과적인 도구입니다. 구체적으로는 다음과 같은 방식으로 그 효과를 얻을 수 있습니다.

첫째, 토론 과정에서는 다양한 의견을 주고받고 서로의 생각을 존중하는 것이 기본입니다. 이러한 상호 존중은 팀원 간 신뢰를 쌓고, 팀워크를 강화하는 데 큰 역할을 합니다.

둘째, 팀 내 역할 분담을 통해 리더십을 기를 수 있습니다. 각자 맡은 역할을 충실히 수행하면서 서로 협력하게 되면, 자연스럽게 리더십 감각과 협업 능력이 함께 자라납니다.

셋째, 토론은 논리적으로 사고하고 문제를 해결하는 훈련의 장이기도 합니다. 다양한 주제를 다루며 비판적 사고와 판단력을 기를 수 있기 때문에, 이는 곧 리더로서 필요한 문제 해결 능력으로 이어집니다.

이러한 방식으로 토론 교육을 경험하면, 공동의 목표를 향해 협력하고, 효과적으로 소통하며, 문제를 해결하는 능력을 키울 수 있게 됩니다.

백 인규 학생도 토론을 통해 리더십을 발휘한 좋은 사례입니다. 그는 대회에서 뛰어난 성과를 보였을 뿐 아니라, 자신감 있게 의견을 전달하는 모습이 인상 깊어 후배들의 롤모델이 되었습니다. 그러나 처음에는 후배들이 쉽게 다가가지 못했습니다. 인규 학생이 트레이너로서 후배들의 논리적 오류를 예리하게 지적하는 역할을 맡았기 때문입니다. 후배들은 그를 존경하면서도 동시에 어렵게 느꼈던 것이죠.

하지만 인규 학생은 토론을 통해 타인의 감정을 읽는 데도 뛰어난 능력을 보였습니다. 토론에서는 상대방의 의견을 경청하는 것이 핵심이기 때문에, 그는 후배들이 자신을 부담스러워한다는 것을 곧바로 알아차릴 수 있었습니다. 이후 그는 지적을 보다 부드럽게 전달하고, 잘한 부분은 아낌없이 칭찬하는 방식으로 태도를 바꾸었습니다.

그의 변화는 곧 후배들과의 관계 개선으로 이어졌고, 후배들의 실력 향상에도 긍정적인 영향을 주었습니다. 이는 토론을 통해 자연스럽게 리더십을 발휘한 매우 인상적인 사례라 할 수 있습니다.

부록2.

밴쿠버 교육신문과 데이비드의 인터뷰 (2023.12.14)

영어 단기간에 잘하는 방법?

- 백 인규 유학생, 전미 연설 토론 협회 주최 토너먼트 오브 챔피언스 우승 -

글 이지은 기자 | Dec 14, 2023

지난 4월, 켄터키 대학교에서 열린 전미 연설 및 토론 협회(NSDA: National Speech & Debate Association) 주최 'Tournament of Champions'에서 캐나다에 거주하는 백 인규 학생(11학년, Yale Secondary)이 우승을 차지했다.

백 인규 학생의 우승은 이번 대회 50년 역사상 최초 비미국 우승자의 탄생이며 캐나다 거주 중인 6년차 한국 유학생이라는 점에서 주목을 받았다.

초등학교 4학년에 캐나다로 유학 온 백인규(영어명 David Paik) 학생이, 영어권 학생들이 주를 이루는 큰 대회인 Tournament of Champions에서 우승자가 되기까지의 과정을 담은 자신만의 공부법을 공개했다.

Q. 우승하신 NSDA 주최 'Tournament of Champions' 대회에 대해 소개해 주세요.

제가 우승한 대회는 미국 켄터키 대학교(University of Kentucky)에서 열린 Tournament of Champions(TOC)입니다. 저는 10학년이던 지난 4월, 저의 디베이트 파트너인 12학년 Akira와 함께 Public Forum 종목에 참가해 우승을 차지했습니다.
이 대회는 하버드, 예일, 스탠퍼드, 프린스턴, UC버클리, 콜럼비아 등 미국 내 유수 대학들이 주최한 주요 디베이트 대회(Major Tournaments)에서, 전년도 9월부터 그 해 3월까지 최소 32강 이상의 성적을 거둔 팀들에게만 참가 자격이 주어지는, 한 시즌을 마무리하는 가장 권위 있는 대회입니다.
저희 팀은 준결승에서 뉴욕주 1위이자 미국 전국대회 우승학교의 대표팀을 꺾었고, 결승에서는 워싱턴 DC 우승팀을 상대로 승리하여 최종 우승을 거두었습니다.

Q. 캐나다 유학을 결심한 계기는 무엇인가요?

저는 한국에서 초등학교 4학년 1학기까지 다녔습니다. 어느 날 엄마가 조심스럽게 물으셨습니다.
"인규야, 너도 미국이나 캐나다 같은 데 가서 공부해보고 싶니?"
당시 친구들 중에도 하나둘 유학을 떠나는 아이들이 있었고, 저 역시 그런 모습에 자연스레 관심이 생겨 있었던 터라,
"네, 유학 가보는 것도 재미있을 것 같아요."
하고 대답했습니다.
나중에 부모님께 들은 이야기로는, 일반적으로 초등학교 5학년쯤부터는 아이들이 과학고, 외국어고 진학을 위한 학원에 다니기 시작하는 한국의 교육 현실에서 벗어나, 저희에게 보다 자연스럽고 열린 환경을 주고 싶다는 마음에서 유학을 결심하셨다고 합니다.

Q. 캐나다 학교 생활은 어땠나요?

캐나다 애버츠퍼드에 있는 ACS(Abbotsford Christian School)에 첫 등교했을 때, 저는 "아빠, 여기 학교는 영어만

잘 하면 스트레스가 없을 것 같아요"라고 말했어요.

한국과 다른 점 중 하나는, 학생들이 일찍 등교해도 교실에 바로 들어가지 못하고 가방을 교실 앞에 두고 운동장에서 놀게 한다는 점이었습니다. 점심시간도 정해져 있고, 나머지 시간은 친구들과 운동장에서 뛰어놀아요. 선생님께서 운동장에서 뛰는 학생들에게 스티커를 주시고, 스티커가 많은 학생에게 상을 주기도 했죠.

수업 내용도 기초부터 차근차근 진행되어 어렵지 않았고, 숙제도 많지 않아 저는 학교 쉬는 시간에 대부분 끝낼 수 있었습니다.

친구들과 놀면서 자연스럽게 영어에 익숙해졌습니다. 물론 시험에서 공부한 내용은 아는데 영어 표현이나 이해가 부족해 틀릴 때도 있었지만, 그건 당연한 과정이라고 생각했습니다.

Q. 한국과 캐나다 교육의 가장 큰 차이점은 무엇인가요?

학년이 올라갈수록 한국은 성적 위주의 암기식 교육과 선행학습에 집중하는 반면, 캐나다는 기초부터 차근차근 단계적으로 배우는 방식입니다.

느리고 답답해 보일 수도 있지만, 뒤처지는 학생 없이 모두 따라올 수 있도록 한다는 점이 다릅니다.

물론 캐나다 교육 수준이 낮은 건 아닌지 걱정할 수도 있지만, 고등학교에서는 Honors와 AP 수업을 통해 높은 수준의 학습도 가능합니다.

Q. 캐나다에서 어떻게 영어를 공부했나요?

한국에서는 특별히 영어 공부를 하지 않았습니다. 캐나다에 온 후에는 학교에서 친구들과 어울리며 자연스럽게 영어를 배웠고, 집에서는 책을 읽고 문제를 푸는 온라인 독서 수업을 했습니다. 처음 몇 달 동안은 백인 초등학교 선생님에게 도서관에서 영어를 배우기도 했습니다. 그러다가 5학년 2학기부터 디베이트를 시작하게 되었고, 그 이후로는 학교 수업과 디베이트 대회 준비만으로도 영어 공부가 충분했습니다.

Q. 디베이트가 영어 공부에 어떤 도움이 되었나요?

모든 언어는 듣기, 말하기, 읽기, 쓰기의 네 가지 영역으로 구성됩니다. 토론을 단순한 말싸움 정도로 생각하기 쉽지만, 실제 토론 대회에서는 주어진 주제에 대해 깊이 있는 지식과 논리를 갖추고, 상대방과의 논의를 통해 자신의 해결책을 제시하고 설득해야 합니다.

이를 위해 수십, 수백 개의 관련 기사와 논문을 찾아 읽고 이해하는 과정이 필요합니다.

이러한 준비 과정을 거치며 토론자들은 다양한 주제에 관련된 영어 단어를 새롭게 배우게 되고, 매월 달라지는 주제를 연구하면서 폭넓은 어휘력을 쌓게 됩니다. 또, 익힌 내용을 정리하고 글로 표현하면서 논리적인 글쓰기 능력도 자연스럽게 향상됩니다.

토론 경기에서는 듣기와 말하기 능력이 특히 중요합니다. 상대방의 말을 주의 깊게 들어야 논리의 강점과 약점을 파악하고 효과적으로 반박할 수 있으며, 자신의 주장을 설득력 있게 말로 전달하는 연습도 반드시 필요합니다. 준비된 내용을 얼마나 정확하고 논리적으로 표현하느냐가 승패를 좌우할 수 있습니다. 또한, 상대방의 주장에 즉각적으로 반응하고 논리적으로 대응하는 순발력도 매우 중요합니다.

Q. 디베이트를 통해 얻은 새로운 가치관이 있나요?

우선 편협한 사고를 하지 않고, 상대방의 의견을 존중하며 넓게 생각하는 습관이 생겼습니다. 물론 주제가 발표되면 보통은 내가 지지하는 입장이 있을 수 있지만, 대회에서는 찬성과 반대(Pro/Con)를 내가 선택하는 것이 아니라 동전을 던져 결정하기 때문에 어느 쪽을 대변해야 할지 알 수 없습니다. 그래서 이기기 위해서는 양쪽 입장을 모두 충분히 이해해야 합니다. 양쪽 주장을 공부하다 보면 내 의견과 다르더라도 왜 그런 주장을 하는지 알게 되고, 자연스럽게 그 입장을 이해하게 되는 것입니다.

Q. 스트레스는 어떻게 해소하나요?

학교생활이나 디베이트 대회에 나갈 때 스트레스가 전혀 없었던 것은 아닙니다. 부모님께서는 스트레스를 받으면 운동이나 취미생활로 푸는 것이 중요하다고 말씀하셨고, 저는 이것이 캐나다에서 공부하는 유학생으로서 누릴 수 있는 특권 중 하나라고 생각했습니다.

어린 시절에는 부모님이 권해주신 아이스하키, 골프, 성악, 악기 등 여러 가지를 배웠습니다. 그런데 제가 좋아하지 않는 것을 억지로 배우다 보니 오히려 취미가 스트레스가 될 때도 있다는 것을 알게 되었죠. 그래서 중학교에 들어간 이후로는 제가 진짜로 하고 싶은 것들을 중심으로 취미생활을 하고 있습니다.

농구도 많이 했고, 큐브 맞추기도 자주 했습니다. 요즘에는 바이올린 대신 전자기타를 매일 치고 있고, 골프나 농구보다는 킥복싱을 더 좋아해서 매일 하고 있습니다.

Q. 앞으로의 꿈은 무엇인가요?

디베이트를 시작했을 때 저는 초보 토론자에 불과했지만, 저를 이끌어 주시고 발전할 수 있도록 도와주신 디베이트 멘토들과 트레이너, 그리고 대한민국 국적의 캐나다 대표로서 챔피언이 되기까지 함께해 준 선생님들과 선배 형·누나들이 있었습니다. 저도 앞으로 제가 경험한 여러 가지 일들과 지식을 알고 싶어 하는 후배들에게 꼭 전해주고 싶습니다.

지금은 하고 싶은 일을 할 수 있는 능력을 키워가는 과정이라고 생각합니다. 고등학생으로서 할 수 있고 또 해야 하는 많은 일들을 열심히 해나갈 생각입니다. 공부도 열심히 하고 운동도 열심히 하면서, 캐나다에 유학 온 만큼 한국에서는 할 수 없지만 여기서는 할 수 있는 일들을 적극적으로 경험하며, 지금은 제 꿈을 이룰 수 있는 든든한 바탕을 만들고 싶습니다.

에필로그.

인규가 세계 토론 대회에서 챔피언이 되고, 그 이야기를 책으로 엮어낸다는 것은 기적에 가까운 성취라고 생각하지만, 곱씹어보면 이 속에는 많은 우연이 있었다.

유학을 떠나겠다고 결심한 것도 계획적이라기보단 우연에 가까운 것이었다. 그 시기에, 그 나라에 유학하겠다고 계획한 적은 없었다. 그저 흐름 속에서 흐름에 맞는 최선의 결정을 했던 것이다. 인규가 토론을 접한 것도 우연이었다. 캐나다로 유학을 떠날 때만 해도 북미의 토론 문화에 대해 제대로 알지도 못했다. 여러 활동 속에서 인규와 토론이 만났을 뿐이었다. 인규가 챔피언이 되었을 때, 인규의 이야기를 책으로 쓰겠다는 계획도 없었다. 친구와 지인들에게 자랑할 겸 소식을 전하던 중 ㈜마인더스의 황 대표님의 진지한 제안이 집필의 시작이었다.

우연과 노력으로 토론 챔피언이 되고, 그 이야기가 책으로 나오는 기적이 만들어졌고 덕분에 독자 여러분들과 만나는 인연을 맺게 되었다.

매일 형과 싸우면서도 형을 존경하고 자랑스러워하는 세상에서 가장 착한 동생 인성이, 누구 보다 인규의 성취를 기뻐하시고 미래를 축복하고 기도해 주시는 인규의 외할아버지와 외할머니, 그리고 언제나 든든한 응원군이 되어주시는 친할머니와 하늘에서 우리 가족을 늘 지켜보시고 지켜주시는 인규의 친할아버지께는 감히 말로는 감사의 마음을 전할 길이 없다. 캐나다로 처음 유학을 떠날 때부터, 챔피언이 되고 책이 출판되는 데 도움을 준 모든 분들의 노고와 헌신에 감사한 마음뿐이다.

건강문제로 집필을 포기하려 했을 때, 인규의 이야기가 그냥 묻혀버리기엔 너무나 아깝다며 자신이 마무리를 해 보겠다고 용기를 내어 준 신승훈 작가에게 평생 만날 때마다 고마운 마음을 전할 것이다. 그리고 이 책의 집필을 돕고 유학에 대한 정확한 정보와 조언을 아낌없이 준 밴쿠버 JNJ교육원의 제임스 리와 제니퍼 노 원장님에게도 감사의 뜻을 전하고 싶다.

그리고 이 책을 집필하고 영원한 기록으로 만드는 데 아낌없이 지원해 주고 응원해준 많은 친구들에게도 모두 감사의 뜻을 표하고 싶다.

이 책으로 독자 여러분들과 만나는 인연을 맺게 되었다. 나는 인연의 힘을 안다. 아주 작은 인연일지라도 누군가에게는 운명을 바꾸는 큰일이 될 수 있다. 유학을 꿈꾸는 모든 분에게, 이 책이 나에게 도움을 준 모든 우연과 인연들처럼 힘이 되길 소망한다.

끝으로 지난 몇 년간 타지에서 가족을 위해 자신을 희생하며 헌신한 나의 아내 <해 돋는 섬 독도>의 작곡가 홍성지에게 감사를 표하고 싶다. 나의 아내는 우리 가족의 유학 생활 중, 행복한 순간과 고비의 순간에서 언제나 삶에 완벽한 균형을 맞춰주며 우리 가족 모두를 더욱 단단하게 해주었다. 나의 부족한 부분을 채워주며 아이들을 잘 키워준 아내에게 모든 공을 돌리며 감사의 마음을 전한다.